學美之旅

用心看見美——生活即詩境

于國華

貳——探尋

一、美在匠心

二、美在天地

四、美在城鄉

參——美的學習

肆——美美與共：美感社會的未來

自序——學徒，學途

讀萬卷書，行萬里路。學習「美」的歷程，我走過的路比讀過的書更豐盛許多。但是，一路上給我啟發的每位高人，都是通往智慧寶藏的無字之書；每次深入心境的訪談，都是對於真實生命的展讀。

曾經任職記者，撰寫報導是每日功課，出差更是家常便飯。某日心血來潮，將曾經到訪的海內外地點標記在地圖上，這才發現，許多旅行過的海內外城市與景點，印象已經遙遠模糊。

曾經在愛沙尼亞首府塔林（Tallinn）停留數日。除了工作行程，我每天早起散步，幾乎走遍塔林美麗的舊城區，盡量多拍照片記錄。那時數位相機剛流行，比起膠卷沖洗照片，按下數位快門幾乎沒有成本。回程時，電腦存著大量照片檔案，沒有留下任何紙質照片。

大約相隔半年，重新整理塔林的照片，這才驚訝發現，電腦中標示著「塔林」的檔案夾，內容一片空白。幾個月前更換電腦，因為檔案備分失誤，竟然遺失了塔林的一切。

回想那幾天的塔林行程，我陷入懷疑：腦中零碎飄忽的印象，究竟是親眼所見，或早已混入其他來源的記憶？我還記得許多按下快門的瞬間，卻不記得當時令我感動的拍照對象。

終於理解，照片可以再現視覺經驗中的細節，但當下的內心觸動，必須透過文字整理和記錄。

二〇〇五年，應大陸作家胡洪俠邀請，在他主持的《深圳商報》開闢專欄「台北城記」。大陸讀者急切想認識台灣，我每週以一篇千字文章，介紹台灣風土人情。專欄刊登四年多，經歷兩百多個主題的磨練，我學會用心觀察和感受生活，從城市日常的細節中尋找故事。「美」的主題，隱約埋藏在這些書寫台灣的城市故事中，成為傳遞訊息的主要脈絡。

二〇一七年初，《聯合報》錢欽青主任邀約撰寫專欄。欽青對於潮流時尚和消費趨勢十分敏銳，希望專欄以美感消費做為主題，這方向正合我意。於是「聯合好評」成為我遍訪台灣的動機，記錄各種美好的人事物。至二〇二二年四月，累積了超過一百篇文章。

二〇一七年到二〇一八年間，前往澳門理工學院客座教學研究一年半，參與澳門政府推動的數項文化創意產業計畫。期間應當地媒體「文創講壇」邀請，以社區文創和美感教育為主題，寫下二十多篇文章。大約同時期，每月一篇的《人間福報》專欄，讓我得以同時關注台灣的文化與藝術環境。

感謝時報出版社趙政岷董事長邀請出書。經過趙董三次提醒，終於整理了部分舊作，加上近年的美感學習心得，組成這本書的主要結構。自從成為哲學家、教育家約翰．杜威（John Dewey）的信徒，學習在日常之中「經驗」生活，每一篇文章於我而言，都是杜威所謂的「一個經驗」（an experience）。神話學家約瑟夫．坎伯（Joseph John Campbell）的啟發，讓我發現這所有的「一個經驗」，都是不斷出發再回歸的內在旅程。

感謝教育心理學家吳靜吉博士、音樂教育家朱宗慶教授、臺北藝術大學博物館研究所廖仁義教授作序。三位老師的期許，是我繼續努力的方向指引。

吳靜吉老師初閱書稿，建議用地圖標示文章提及的地方，這是我未曾想過的展示方案。一旦經由地圖標示，我的「學美之途」頓時由抽象概念，轉化為可以丈量的空間經驗。

吳靜吉老師近年推動「台灣創新地圖」研究，將人文創新案例和地理空間結合，呈現人與自然共生共創的奧妙。我的美感學徒生涯、採訪記錄的美感創新案例，只是「台灣創新地圖」中非常有限的亮點，但我願意不斷出發，為這份人文創新地圖，帶回更多精彩的故事，填滿台灣的每個區域。

在美的領域，我是永遠的學徒。探訪美的道路，我始終在途中。

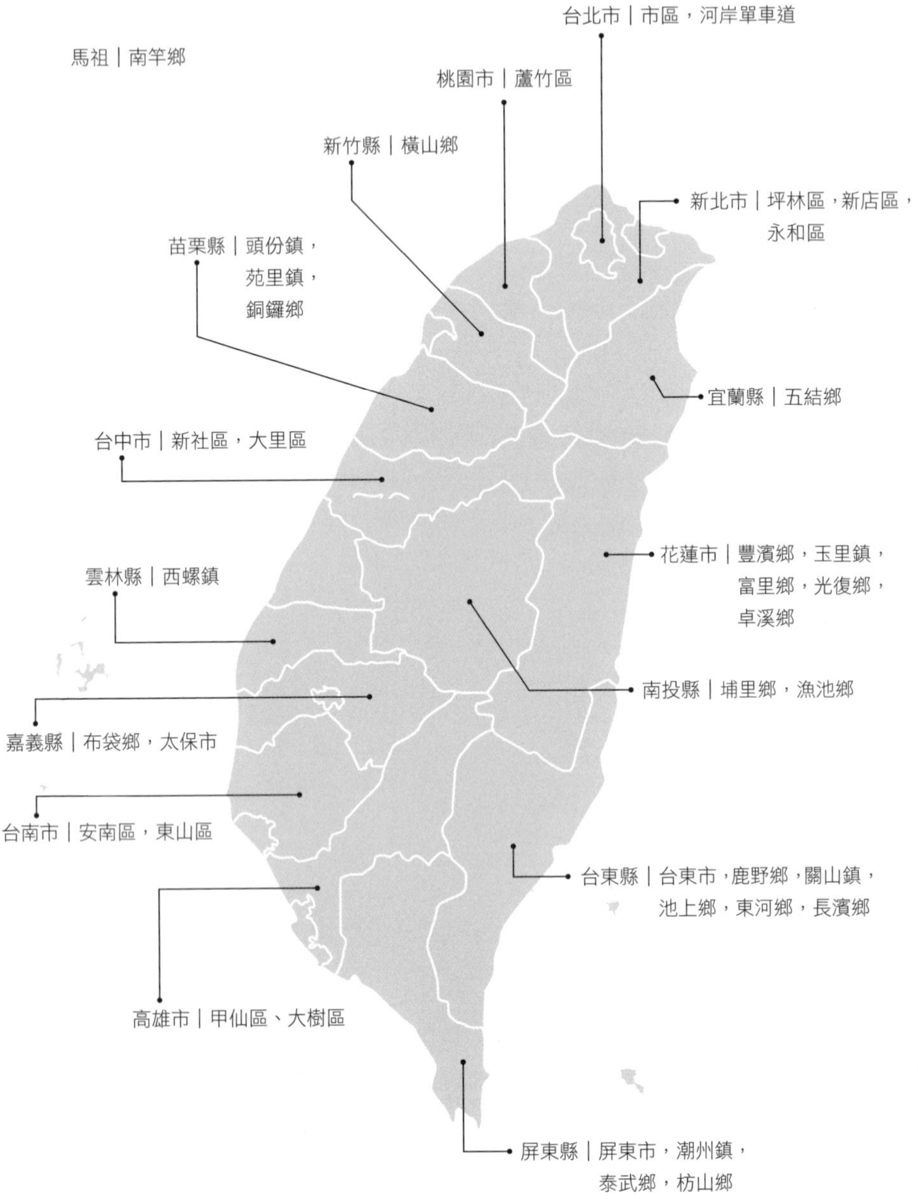
台北市｜市區，河岸單車道
馬祖｜南竿鄉
桃園市｜蘆竹區
新竹縣｜橫山鄉
新北市｜坪林區，新店區，永和區
苗栗縣｜頭份鎮，苑里鎮，銅鑼鄉
宜蘭縣｜五結鄉
台中市｜新社區，大里區
花蓮市｜豐濱鄉，玉里鎮，富里鄉，光復鄉，卓溪鄉
雲林縣｜西螺鎮
南投縣｜埔里鄉，漁池鄉
嘉義縣｜布袋鄉，太保市
台南市｜安南區，東山區
台東縣｜台東市，鹿野鄉，關山鎮，池上鄉，東河鄉，長濱鄉
高雄市｜甲仙區、大樹區
屏東縣｜屏東市，潮州鎮，泰武鄉，枋山鄉

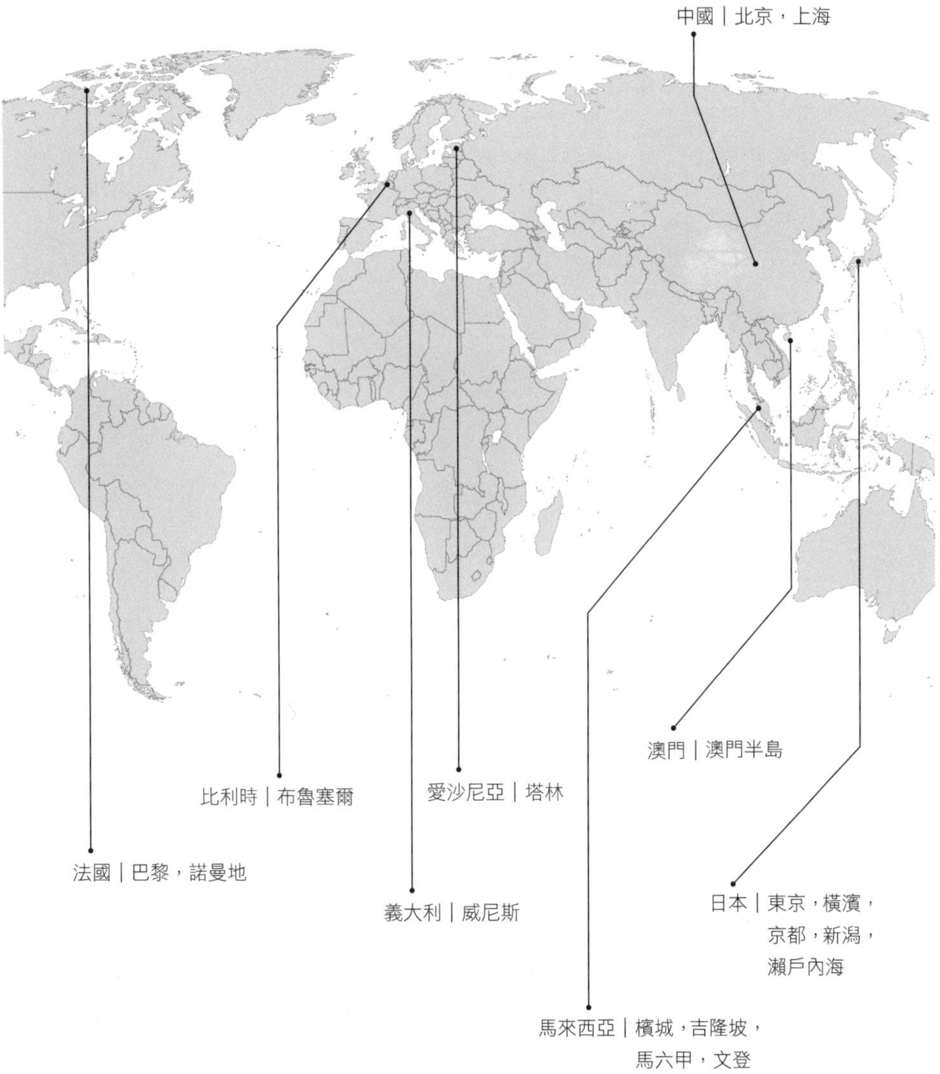
中國｜北京，上海
比利時｜布魯塞爾
愛沙尼亞｜塔林
澳門｜澳門半島
法國｜巴黎，諾曼地
義大利｜威尼斯
日本｜東京，橫濱，京都，新潟，瀨戶內海
馬來西亞｜檳城，吉隆坡，馬六甲，文登

推薦序——我眼裡的于國華，美，無所不在

朱宗慶（國立臺北藝術大學講座教授）

與國華的相識已超過二十五年，說真話，是段不短的時間。因此，在提筆書寫這篇推薦序、讀者正式閱讀這本書之前，首先，我想與大家分享一些我眼裡國華的樣子，以及多年來，我與國華之間的相處互動。我總覺得，一個人最核心的人格特質，將是影響他看待事情的眼光、處事方式的重要元素，當然，也包含他如何感受、體驗、詮釋生活中的美麗事物。

「投緣」是我對與國華之間相識、相處互動，所最直接想到的注解。初識國華的時候，國華任職記者，雖是如此，與他之間的互動，似乎是「談心」勝於「談工作」。每當我與

他分享對工作、生活的心境轉折，他總能正向地回饋，並直截了當地給予建議；長久以來，他也不時跟我提到，我們之間如同「良師益友」，始終信任與真誠相待。這樣有話直說、無所不談的關係，著實令人感到珍惜！

在我看來，國華是相當善解人意、體貼他人。對於同樣一件事，他總能以多元的角度跳脫框架，從各個面向來看待與分析，這往往能給人極大的支持與鼓勵的力量！以如此特質，放到對於美的觀察、感受及見解，他更能以更不一樣的視角，體驗與詮釋生活中的大小事物，為一切找到不一樣的可能性。因此，從國華所書寫的文章內容中，經常會發現：許多我們未曾留心的事物，在他的眼裡被發掘了，更有了嶄新的可能！

「尋美過程可以在日常生活中實踐，只需要專注在當下、開啟感官，與世界同在。每一次審美體驗的啟蒙，都是有意義的經驗。」這一段話，節錄自國華書裡的內容，我十分同意。我想，本書的完成也是立基於此，在專注感受生活、體驗人生之中，國華將自身的感知能力放到最大，融合他對於美學理論的閱讀及研究，將所思所想以文字呈現，分享他獨到的閱歷、眼光及人生故事與智慧。

這本書以「尋美之旅」做為主軸，依循著「啟程、啟蒙、回歸」的結構發展，分享了國華對於美的看法，並從匠心、天地、人間、城鄉等面向，描繪了他所親身體驗的尋美之旅，最後回歸到美的學習與實踐，提出他的體悟與期盼。

國華的文字細膩而情感深刻，在他引人入勝的書寫之下，讓人彷彿親臨了現場，感受到當下的情境氛圍、人與人之間的溫度，不知不覺間，一股暖流從心中緩緩流出，全身充滿力量，這是國華特有的魅力！

美，其實來自人們對於生活的體驗，透過親身感受，因為觸動而喜愛，繼而主動追求，成為生活當中不可或缺的一部分。在閱讀手中這本書之後，不妨按圖索驥，跟著國華的腳步，探訪這些別致的地方、有趣的人事物，將感官全然打開，展開探尋美的英雄之旅。

相信一定能在旅程中找到，自己對於美的獨到視角，更從容自在地細細觀察與感受，為生活、為生命意義尋得新的啟發。而後，回歸到現實的自我，這些在旅程中所拾得對於美的感受與感動，也將讓我們成為不一樣的自己、看見截然不同的人生風景！誠摯地推薦，也邀請您與國華一起開啟「學美之旅」，感受生活中無所不在的美！

推薦序——

伴隨萬人迷踏上學美之旅

吳靜吉（國立政治大學創新與創造力中心講座教授）

天下雜誌論壇以金球獎的國際名導介紹李安出場，他卻說：「我希望他介紹我是一個電影工作者。我自己看待自己，我希望我永遠是電影系的學生，世界就是我的學校。」人生的確是不斷學習的旅程，處處都是學習的場域。

教育哲學家杜威（John Dewey, 1859-1952）說：「我們不是從經驗中學習，而是從反思經驗中學習。」于國華的新書定名為「學美之旅」，自信謙卑的定位令人佩服。不管杜威、李安還是于國華，都在實踐一〇八課綱中終身學習的教育理念。

這本書收錄的文章，是作者反思自己與研究和觀察對象互動經驗之分享。研究創造力的學者專家稱這樣的反思頓悟為迷你c（Mini Creativity），是親自體驗之後的意義建構，運用新奇的角度詮釋體驗後的頓悟，對讀者來說具有啟發性。

杜威一九三四年發表的「Having an experience」可以直譯為「有個經驗」，有點像說我「有個朋友」、我「有個美好的記憶」。這種「Having an experience」和一般的經驗不一樣。有個經驗是有結構的，有開頭、過程和結果。

創作者或創意人自己因為有了結構性的反思經驗，而踏上神話學家坎伯（Joseph Campbell, 1904-1987）的英雄之旅。「主角接受召喚，啟程進入陌生領域，歷經各種試煉得到寶物，回歸到出發的世界。」關鍵不在英雄的角色，而是在旅程的意義。

學美之旅，美在哪裡？美在生活！

美學大師蔣勳由遠流出版的《天地有大美》可說是生活美學最好的詮釋。書名取自《莊子·知北遊》：「天地有大美而不言。」大美在生活，精美在殿堂。大美是杜威所謂的「生活是藝術，藝術也是生活」。精美則是大學藝術科系教研的藝術，是表演劇場、美術館、博物館的藝術。藝術家或藝術學者談論的是藝術，消費者或閱聽人所要體驗的是美感。

教育部推動美感教育，理所當然！文化部推動生活美學，也理所當然！

在提倡美感教育、生活美學和文化創意的前提下，各界領導人的養成和精進過程中，也會增添類似的美學素養，但即使使用生活美學的名稱，也還是期待學習者欣賞甚至體會殿堂裡精美藝術的美，而有意無意忽略了「生活是藝術，藝術也是生活」的生活美學。

生活美學可以從使用者或消費者角度出發，能夠融入生活中的衣食住行育樂，甚至婚喪喜慶的生命禮儀。

從杜威一九三四年發表的「有個經驗」概念後，生活中的美學也成為學者專家研究和推動的另一趟學美之旅。于國華和蔣勳心有靈犀，都從「民以食為天」啟動生活美學。于國華居然說：「我的故事，美對於我的啟發，要從哪裡開始呢？想起一九九〇年夏天的一杯咖啡。那杯咖啡，是我人生第一堂美感課。」

學美之旅的探尋總共七十五篇文章，以飲食的生活美學為主，六十二篇散布在台灣十五個縣市，其他十三篇則來自日本、法國、澳門、馬來西亞和中國大陸，特別是馬來西亞。

為什麼是萬人迷？有兩個意義。反思經驗包括知識的理解，也包括美感的體驗，都是個人創造力的展現。

美「是心理經由審美對象所激發的情趣」，所以于國華在書中此起彼落地描述他對美的五感體驗，包括：

「面對驚心動魄的美，欣賞、感動、讚嘆……」

「從中感受到泫然欲泣的歡愉和感動」

「令你情不自禁地嘴角上揚、瞇眼揚眉」

「張口卻無言，想哭卻無淚」

「日常之中，因為美感而產生的愉悅」

「每一筆刻畫在記憶之中，都是曾經認真生活的痕跡」

「美是生命的微笑，它來自我們內在，是面對每一個美好念頭的動心」

心理學家以驚嘆（AWE）概括這種感受和情趣的體驗（吳靜吉，二〇一七），根據賓州大學雅登（David B. Yaden）研究員等人的研究發現，驚嘆感受包含雞皮疙瘩在內的生理反應；感受到宇宙浩淼而心曠神怡的概念上或知覺上的反應；改變了他原來對世界或其他經驗的認知基模；全神貫注進入忘我的境界；自覺渺小的謙卑利他心態；體悟到自己只是環境和宇宙中的一小部分等等。

于國華認為，每個鄉村都是學堂，在台灣，他的學堂，有一半在台北市和花東，這些人、物、景、點，幾乎都曾是讓萬人迷戀的打卡聖地。

那為什麼要「伴隨萬人迷踏上學美之旅」？一次在澳門文化創意產業的論壇中，講者包括英國、中港澳等地的文創人，幾乎每個人都站在講桌後面，對著螢幕上的簡報侃侃而談，聽久了多少會有些出神。于國華一出現，拿起麥克風，馬上像一位秀場老手，把整個會場當作舞台，優遊自在、抑揚頓挫地分享他一小部分學美之旅的體驗。現場的聽眾，特別是外國人，「驚嘆」連連。我立即以「萬人迷」稱呼他。除了這七十五個人、物、景、點，台灣許多地方也都是生活美學的學堂，期待讀者能伴隨萬人迷踏上學美之旅。

推薦序——

從土地與勞動找回美學：于國華的美感行旅

廖仁義（國立臺北藝術大學博物館研究所教授）

美學最初曾經是哲學家的抽象思辨，後來也曾經是公民社會誕生初期文化菁英努力想要普及到民眾生活領域的教育內容，如今，美學也已經是公民社會成熟階段文化菁英必須進入民眾生活領域才能賦予意義的一種具體社會實踐。

一

無論西方社會或東方社會，美學最初出現在哲學家的著述中。從西方社會的脈絡來看，它出現於柏拉圖的《理想國》與亞里斯多德的《詩學》，甚至直到十八世紀以後繼續出現於康德的《審美判斷力批判》與黑格爾的《美學》。漫長的歷史過程中，哲學家的觀念思辨抽象艱澀，卻也為美學的理論與思想做出貢獻，但最大的不足，在於當時的君主社會限制了美學進入民眾階層的日常生活領域。然而，相對於哲學家，活躍於十八世紀中葉的法國美學家狄德羅，以民眾能夠理解的表達方式，將美學觀念放進《沙龍評論》與《百科全書》著作中，目的在於提高民眾的知識能力與文化素養；德國美學家席勒撰寫《審美教育書簡》，目的也在於透過美學教育培養當時公民社會正確的判斷力與創造力。

十九世紀是現代國家誕生的時代，更有許多美學家致力於將美學運用於工藝運動。英國的美學家威廉．莫里斯推動工藝運動，並以民眾主義的精神，實際投入建築與家具的設計，將純美術延伸到應用美術，影響遍及世界各地。二十世紀以來，美學更加積極從理論到實踐，諸如文化資產保存運動與生態博物館運動，雖然並不標榜美學，卻進一步讓美學落實到民眾階層的日常生活之中。

二

美學這個名詞在台灣也曾經歷不同階段的演變。一九八〇年代以前，美學曾經只是哲學系所教學與研究的一個邊緣領域，而在社會人云亦云中，凡事卻都可以隨便冠以美學一詞。一九八七年解除戒嚴以後，大家開始重新回到土地找尋價值，找尋文化價值，也找尋生命價值，這個時候美學也開始被重新理解與重視。文化層面，藝術與文學開始重視土地與勞動；生命層面，整個社會的美感追尋開始回到家鄉與親情。

從此，「地方」（Local）被看見了。最初的覺醒是原住民族的還我土地運動。隨後，社區營造運動萌芽，歷經艱辛，從抗爭走到政策；在這個過程中，許多「文史工作者」默默進入地方，終於催生了地方文化館，甚至也催生了生態博物館；宜蘭就是最好的例子，歸功於宜蘭博物館家族協會，蘭陽博物館才有扎實的根基。

如今，台灣的文化菁英已經脫去了學院的華麗服飾，積極進入地方。他們不見得是歸鄉，而是苦心駐點，他鄉變故鄉。當然他們還是懷抱著理想與理念，但是過去的實踐經驗提供反省，他們的行動已經不再從上往下，而是從下往上，讓雙腳引導腦袋，讓民眾引領行進。他們讓地方民眾表現與構築屬於自己的地方知識，豐富與深化整個社會的審美能力與美感生活。

三

于國華，我的好朋友，也正走在這條美學實踐的道路上。國華跟我一樣，我們曾經待過傳播媒體。他在王家的聯合報系，我在余家的時報報系，我們的書寫都是跟隨著社會脈動，並且都在乎要能客觀傳達訊息，也要能夠被理解。

社會關懷的默契，我們前後都去讀書充電，我到法國，他到國立藝術學院。當時我發現，美學研究不能沒有具體的文化知識做為基礎，也就渴望填補自己土地的美學知識，而這時的國華已經參與社區營造，做田野，得到土地與勞動的滋養。好學進取，他後來又去了北京大學攻讀美學，以生態博物館做為研究方向。似乎，我們不謀而合。目前，我們是北藝大的同事，他在藝術行政與管理研究所，我在博物館研究所，我們常有機會進行文化對話。我很羨慕他，年輕的時候就已經做過田野，而現在他還能繼續帶著藝管所學生去做田野，足跡遍布全台，甚至跨足後山，現蹤宜蘭、花蓮與台東。

國華能說、能做，也能寫，也就寫出這本既涵蓋美學觀念也涵蓋社會實踐的好書。他正在思想與行動的巔峰，而我將近退休，既然他不嫌棄，讓我搭便車，當然開心。美感行旅不孤單，最開心。

前言

人生如果是一首長詩，我的詩，寫什麼呢？

這首詩只能寫一次。我不能選擇如何開始，但可以選擇內容，寫成一首關於審美的英雄史詩。

美國神話學家坎伯提出「英雄之旅」，指出不同文化背景的英雄故事，都有著相同路徑：主角接受召喚，啟程進入陌生領域，歷經各種試煉得到寶物，回歸到出發的世界。不論故事長短，過程都很相似，從「啟程」到「啟蒙」再「回歸」的三階段，每個階段各自包含數個主題。[1]

「寶物」是啟蒙和承諾的象徵，例如帕西法爾（Parsifal）找到的聖杯；[2]也可以是超凡的能力和智慧，例如悉達多太子在菩提樹下的悟道、摩西從西奈山上帶回來的十誡。又如電影《星際大戰五部曲：帝國大反擊》中的路克前往達可巴星，拜師尤達學會絕地武士「原力」；或是《魔戒三部曲：王者再臨》的亞拉岡終於繼承了祖傳聖劍，承擔君王角色，帶領中土殘兵贏得最後勝利。

在坎伯悲天憫人的眼界中，「英雄之旅」的關鍵不在於英雄，而是旅程。他在書中寫道，小海龜穿破蛋殼，冒著被掠食的危險，探出沙坑、四肢危顫地爬過沙灘直抵大海，就是一趟驚心動魄的旅程。[3]

每個人都有自己的英雄之旅。旅程之中還有更多旅程，「啟程」、「啟蒙」、「回歸」在旅程中不斷重複，如同俄羅斯套娃娃一般；但每一段旅程都有意義。

我們經常安排旅行，同樣經歷由啟程、啟蒙到回歸的過程。旅行結束，空間中的肉身回歸原點，但我們的心靈世界，因為旅程的啟蒙而得到進化。

出發旅行是為了得到啟蒙，無論是真實世界的發現，或是對於自我內在的了解。

一四九七年七月八日，葡萄牙人華士古·達伽馬（Vasco da Gama）從里斯本出發，這趟航海找到了歐洲通往印度的新航路。電影《我出去一下》主角、德國藝人哈沛·科可林（Hape Kerkeling），成功的人生因為生病而暫停；他走完長達八百公里的「聖雅各朝聖之路」，歷經體力與毅力挑戰，帶著對於生命意義和人際關係的啟發，重新投入生活。

二〇一三年上演的電影《超人：鋼鐵英雄》耐人尋味。眾所周知的故事劇情，超人克拉克來自遙遠的星系。即使有這樣的星際旅行背景，電影劇情還是讓克拉克隱姓埋名、在地球上經歷漫長的孤獨旅行，鍛鍊內心力量。直到他發現來自家鄉的太空船，以及船艙裡父親的留言，他才接受了自己的身世，換上超人服裝，成為保護地球的角色。[4]

其實，啟蒙旅程不一定要很艱辛。展讀一本陌生的書，走進一家不曾造訪的餐廳，因為好奇而參加一場大師演講，只要認真投入過程並且得到啟發，就是一次有意義的旅程。

審美歷程與英雄之旅，有著相似的發展結構。審美的「刺激」、「知覺」、「反應」三階段，經由刺激而進入知覺，從心靈中生成「意象」，最後回歸到現實的自我。每一次的審美過程，都是個人經驗重組、再創造的冒險。幸運的是，審美是人生最安全的冒險，是隨時可以進入其中的內在旅程。

尋美過程可以在日常生活中實踐，只需要專注在當下、開啟感官，便可與世界同在。

每一次審美體驗的啟蒙，都是有意義的經驗。

米哈里．契克森米哈伊（Mihaly Csikszentmihalyi）指出，人生最美好的時刻，發生在個人為了完成有意義的目標而將身體或心智能力發揮到極限的狀況，所以「最優體驗」（optimal experience）需要去締造，而不是等待它出現。[5]

人的一生，可以是一次心流體驗。建立超越自我利害得失的人生最終目的，並且付出努力實踐；每一次朝著階段目標方向的前進，不論過程如何波折辛苦，都能夠經歷人生的心流，從中得到樂趣。[6]

本書以下篇章，是個人審美歷程的紀錄。整體結構依循著英雄之旅的啟示，因而有啟程、啟蒙和回歸的安排。每一篇案例，都是獨立的審美經驗，透過「刺激、知覺、反應」過程的回顧，探索自我如何對應於世界，從啟蒙之中認識自己。

審美做為自我實現的人生目標提案，不只因為我們都愛美（beauty），更因為我們可以透過審美的覺察，建立自己的美學（aesthetics）經驗。美學經驗並非只能來自美好或愉快的感官感受；破壞美感經驗與常規的「審美危機」，也能夠帶來深刻的審美體驗。面對「審美危機」，打開自我、直面危機，接著展開的審美過程是一場心智的鍛鍊，重組既有經驗，創造生成新的經驗，並且成為深刻的記憶。[7]

人類學家費孝通的名言：「各美其美，美人之美，美美與共，天下大同。」從個人的生命圓滿到世界大同的追求，都可以從個人的審美實踐開始。美，不是風花雪月的小事，而是成就我們生命完整的大事。

1 朱侃如譯（二〇二〇），頁三九、四四—四六。

2 李子寧譯（一九九六），頁三七二—三九七。聖杯故事流傳自中古時代，有數種版本。帕西法爾是虛構人物，代表十二世紀騎士精神的典範。帕西法爾最後取得來自天堂的聖杯，成為聖杯之王。

3 朱侃如譯（一九九七），頁一六八—一六九。

4 現代電影工業生產的英雄故事，主角都必須經歷扣人心弦的冒險旅程。美國著名故事顧問、編劇大師克里斯多夫．佛格勒（Christopher Vogler）在經典作品《作家之路》中，以坎伯神話學「英雄之旅」做為基礎，發展為完整的故事架構，幾乎成為好萊塢電影編劇的寫作準則。

5 張瓊懿譯（二〇一九），頁一九。

6 張瓊懿譯（二〇一九），頁三一九。

7 美學經驗是獨特的知覺運作過程；審美者接收來自對象物所展示的世界，打開自己、感受新的事務，進行「理解那無法理解者」的知覺行動。這種知覺並非只針對新奇事物，反而更應該要能夠作用於我們熟悉的事務。美學經驗包括兩種極端的知覺，其一是自給自足、沉思性的知覺行動，由知覺沉浸於某物的對象性之中。另一端在生活實踐中爆發，突然闖入的危機式知覺，它讓行動主體彷彿直接面對赤裸裸的事實，無從閃避。審美主體面對打破常規的知覺，以開放的方式面對它、重建它，發展出邏輯一致的解決方案，最後回到自我圓滿的知覺行動之中。美學經驗並非可有可無，更不是生活實踐的美麗裝飾，而是人類存在結構最核心的部分（黃聖哲，二〇一三，頁一三、一七—一九）。

壹 啟蒙

1……美的旅程

A long time ago in a galaxy far, far away...

電影《星際大戰》故事登場，銀幕首先出現這段文字：「很久以前，在一個很遠、很遠的星系……」這是我認識《星際大戰》的第一印象。故事中的人物、機器人、動物與飛船，與我所在的地球、此時此刻的世界，遙遠到毫無關係，我卻魂牽夢縈著，從一九七七年首播，一直到二〇一九年看完第九集。

我的故事，美對於我的啟發，要從哪裡開始呢？想起一九九〇年夏天的一杯咖啡。

那杯咖啡，是我人生第一堂美感課。

最早認識到的「美」，以為那就是對於品味的執著。例如沖泡咖啡，試驗過不同比例的口味之後，找到最滿意的配方：即溶咖啡粉一匙、白砂糖一匙、奶精二匙。如果有機會在店裡喝咖啡，依著同樣比例先放糖、再放兩倍量奶精。我認真執行配方，為著自己的品味得意。

當兵期間的假日下午，在臺北市立美術館看完展覽，走進有著奶油蛋糕色彩的圓山別莊。一樓附設咖啡館沒有空桌，走到吧檯前坐下，先點了咖啡，欣賞咖啡師在我面前操作塞風（syphon）壺沖咖啡；我正襟危坐，面前的咖啡師，距離僅僅隔著一隻全伸的手臂。

熱氣輕渺的咖啡倒進白色瓷杯，端送到面前。我打開檯面兩只玻璃罐，分別是白色粉末奶精、白色顆粒細砂糖，依著慣性比例加入一匙糖、二匙奶精，攪拌均勻。端杯正要就口，咖啡師傅說話了：「加這麼多糖，不會太甜？」

覺得被挑戰。我從容放下杯子回答說，咖啡太苦。而且我習慣這樣喝。

「你一直這樣喝？」帥氣咖啡師戴著深褐色鴨舌帽，訝異地追問。他溫和的表情裡，並沒有惡意。我看著他，肯定地回答：「對，我有固定的比例。這樣喝好幾年了。」

「這杯先不要喝，我再沖一杯。你怕苦，喝一口咖啡、再喝一口冰水試試。」我遲疑了一下，點頭答應。他將我的奶糖咖啡挪往一旁，遞來沒有花色的透明玻璃杯，水面浮著冰塊。

他再次操作虹吸壺，完成另一杯咖啡遞到面前。面對他的注視和笑容，我很不自在，好像要在眾人面前脫光衣服一般。幸好他著手準備另一位客人的飲料，暫時離開監視我的位置。

依著咖啡師建議，我啜飲小口咖啡，不但苦，而且酸。有些燙口的咖啡短暫停留口腔後嚥下，拿起外表掛著細小水滴的玻璃杯，喝了口冰水，停頓一會兒才吞下。一股清涼順著喉嚨滑進胃裡。

奇蹟發生了。口裡的酸、苦、澀，很快轉化為甘，成為舒服的口感。我很詫異，再喝一口熱咖啡、飲一口冰水，同樣地回甘。像是做實驗一般，我來回地小口喝咖啡、喝冰水，直到一杯咖啡喝完。

加了糖和奶精的咖啡，早已被咖啡師收回。我看見那只杯子躺在水槽裡。

打烊時間到了。付了一杯咖啡的費用，謝過咖啡師，起身向外走去。推開門時回頭，

看見他站在吧檯後方，雙手支著檯面，愉快地目送我離開。

喝咖啡的習慣從此進入新境界，不再需要加糖、加奶，甚至也不必冰水。從固定的糖、奶比例，到欣然接受每杯咖啡的苦味和酸味，如此大距離的超越，只經過了一杯咖啡的試探。

顯然我曾經對於品味的理解並不正確。固執一味，是嚴重的錯誤。

漢寶德先生指出，培養美感必須「多看美的東西」，並且理性分析自己的「感覺」，得到鑑賞過程的理解。[1] 詹偉雄暢銷著作《美學的經濟》，[2] 昭示著一股學習美感的潮流正在興起。置身在台灣積極推動文化創意產業的初期，我重新學習品味，原來「品味」的本質在於發現差異；[3] 而美感，是評價品味的感受。「美是存在於審美對象物的特質」；被品味達人推薦的衣食住行育樂各種方案，必然具有這樣的特質。於是我相信，按圖索驥的欣賞，是學習美感品味的必要路徑。

我閱讀設計和生活時尚類雜誌，追隨品味卓越的意見領袖，以理解美的各種分析方法，例如色彩、比例、結構、秩序、搭配等。四處體驗達人推薦的消費場所，將有限收入大方花費在購買名牌衣服、享受昂貴大餐、選購設計文具和生活用品、參與藝術活動。

這些體驗和學習，為我打開了美的眼界。為了更深究「美學」，重新回到校園，追隨《美學原理》作者、北京大學教授葉朗學習，期待美學與藝術學能夠啟發我的心靈。

理論的學習，令我驚覺自己過去的狹隘。向來追求、奉行的美感原則，都只是美的一部分。原來，我始終停留在感官和見識的表層，在類似於咖啡比例配方的執著裡打轉。

重新審視每一次經歷的審美活動，觀察自己如何感受。這樣的反省，逐漸帶我進入「美學」的穹蒼，發現美更豐富的意義。

葉朗以「意象」做為審美對象，因此審美必然是人類的精神活動。[4] 審美受到許多因素影響，但在審美體驗之中，人的精神得以超越「自我」的有限，得到自由與解放；我們經由審美建立自我認同，從而在天地間確認自己的存在。[5]

美並非客觀存在於審美對象之中，也不是完全主觀的發生在審美者心中。「美在意象」的審美過程，審美對象做為「象」，引起審美者心靈相應的「意」，審美活動在「意」與「象」之間反覆映照，主觀和客觀統一之後形成「意象」。經由對「意象」產生無目的、無功利的愉悅與感動，就是「美感」。[6]

審美過程是「刺激、知覺、反應」三個階段的貫串。[7] 刺激引起知覺，知覺引發反應。

產生在「刺激—反應」過程中間的知覺，可以懸念在心裡持續觀照與思索，不必即刻產生反應；知覺的醞釀促成「意象」生成，進而引發美感。

蘇軾兼擅詩書畫，他評王維作品讚嘆：「味摩詰之詩，詩中有畫；觀摩詰之畫，畫中有詩。」[8] 這是由「象」到「意象」生成的範例。詩、畫本是兩種媒介，各有天地；蘇軾以王維的詩為「象」，所見的詩中之畫即是「意象」。相反，以王維的畫為「象」，畫中之詩亦是「意象」。

「知覺」是完全個人化的經驗。一群人面對同一個「象」，生成的意象可能天差地別。再以蘇軾《定風波》為例，「三月七日，沙湖道中遇雨。雨具先去，同行皆狼狽，余獨不覺，已而遂晴，故作此。」描述一群人偶遇山雨、個個淋得狼狽，但蘇軾反而瀟灑泰然，最後寫下：「莫聽穿林打葉聲，何妨吟嘯且徐行。竹杖芒鞋輕勝馬，誰怕？一蓑煙雨任平生。料峭春風吹酒醒，微冷，山頭斜照卻相迎。回首向來蕭瑟處，歸去，也無風雨也無晴。」同樣情境，經由個人化的知覺過程，產生了不同反應。千年以來，無數人賞讀《定風波》、仰慕蘇東坡的豁達開朗；尤其「同行皆狼狽，余獨不覺」，格外彰顯他人生閱歷與處事態度的與眾不同。

經歷審美過程，象、意象、審美感動連貫而成的整體，成為哲學家杜威所說的「一個經驗」（an experience）。[9]人的經驗累積，如同我們習慣使用的電腦檔案，文件或內容產生之後被儲存，日後可以打開修改、潤色，甚至數個檔案內容合併，最後再另存新檔。人的經驗被記憶之後，可以不斷被喚回、修改再儲存，不斷累積豐碩的個人經驗，形成閱歷及人生智慧。

審美經驗得以藉由象徵，連結、召喚過去儲存的審美愉悅。曾經坐在台北的路邊喝啤酒，耳畔忽然音樂響起，令我想起在威尼斯和好朋友共度的晚餐時光，那晚小提琴音樂迴盪在偌大的廣場夜色中；我頓時忘卻眼前車水馬龍，心思完全沉浸在威尼斯美麗夜色的回憶中。[10]

「美在意象」指出美感是心靈創造的過程，所以美感是個人創造力的展現。世間沒有天生自在、俯拾即是的美，[11]唐代柳宗元曾謂：「美不自美，因人而彰。」留下傳頌至今的美學命題。美生成於心與物的關係之中，它是心靈經由審美對象所激發的情趣。[12]

我們通常以美的狹義概念，表達例如好看、好聽、好吃等感官反應。[13]醜、噁等形象也可以造成感官刺激、生成意象，甚至達到審美愉悅。[14]現代藝術的傾向，不以直觀的美感為目的，利用令人摸不著頭緒的表達，引導觀賞者深入探索，以自己的經驗、知覺與作品對話，產生對於作品的解釋與審美情緒。法國哲學家羅蘭．巴特（Roland Barthes）所謂「作品生成，作者已死」，說明讀者面對文本，心中所理解的「意象」未必是作者本意，但絲毫不影響讀者的審美。

每一次審美過程，都是一次意象生成的探索之旅。審美者的心靈狀態，特別是個人累積的生命經驗和審美經驗，對於意象生成絕對重要。

輕輕閉起眼睛，回想人生當中的美好畫面。這個畫面的出現，會牽引出情緒的浮動。當我們為了經驗中的美好情境而感動，彷彿置身在美感發生的當下，這時已經超越了對於審美實象的依賴，從印象之中找到啟發審美感動的來源。過去的一個經驗，儲存在記憶之中，成為啟動另一次美感經驗的對象。因為人的記憶能力，讓「美在印象」得以由心靈中自發生成。

安徒生童話故事〈賣火柴的小女孩〉，最令人心碎的畫面，是凍死的女孩身軀僵硬但嘴角微笑。小女孩因為寒冷，不斷用火柴取暖，她從微弱火光中看到過去的幸福，以及慈祥的祖母。這則故事中，安慰小女孩的不是微弱火光，而是祖母的現身。但祖母並沒有出現，是小女孩對祖母的思念，讓女孩在生命的最後，從火光中看到親愛的祖母。

演員郭耀仁分享學習演戲的方法，他說，從小到大許多不堪回首的經驗，反而成為日後演戲的養分，讓他能夠理解劇本裡的角色與情境，個人經驗和角色生命在舞台上合而為一。他用演戲心得鼓勵年輕朋友，不要害怕遇到挫折，面對挑戰的一切辛苦，都是人生經驗的儲備，幫助我們度過未來的難關。

審美也需要經驗儲備。為自己累積美感經驗，必須時刻「活在當下」，從生活中實踐美感的創造和經驗累積。穿越一條梅花飛舞的小徑，某甲拿著手機、專注玩著遊戲，某乙沉浸在環境氣氛之中，感受陽光、汗水和花影。甲乙兩人同樣走過掩映的梅影、穿透浮動的梅香，審美過程完全不同。

帶著有情的態度面對人生，世間事物都能如詩一般地興起感懷，豐富人生的情調。源遠流長的文化脈絡當中，充滿著詩意的人生情調，例如宋代文人蔣捷《虞美人．聽雨》這樣寫著：

少年聽雨歌樓上，紅燭昏羅帳。壯年聽雨客舟中，江闊雲低，斷雁叫西風。
而今聽雨僧廬下，鬢已星星也。悲歡離合總無情，一任階前，點滴到天明。

雨水由天而落，著地發出聲響，是個極其自然的現象。聽在蔣捷耳裡，從少年、壯年到老年，一樣雨聲有著不同情調；這情調並非來自雨聲，而是個人情感的回應。透過經驗的投射與移情，[15]個人與外在世界相印，有限生命拓展到無窮之境，一沙一世界，一花一天堂。

這種「美在相印」的能力，讓我們即使面對周遭的平常，卻能夠感受到變化萬千的精彩。開啟感知能力，隨著個人審美經驗的累積，大千世界，芸芸眾生，無不在我們面前展開獨特的意象。以心相印，物我合一，生命情境照亮萬物，美感隨處而生。

某日參加音樂學者林谷芳主辦「茶與樂的對話」音樂會，茶席數十桌，在中山堂光復廳錯落排開；茶主人各有巧思，每桌都很精彩。現場中央高懸字幅，上書「掬水月在手」五個字。字幅就是一般大小，尋常到令人不以為意。我無意間瞥看到字幅，卻被深深吸引。

雙手捧水，天上月影相映於掌中水。月在手中，也不在手中。心中有明月，則能與手中之月相印；倘若心中無月，掬水取月不過鏡花水月、空虛徒勞。

「眾里尋他千百度。驀然回首，那人卻在燈火闌珊處。」出發尋美，繞行千百里回到原處，原來美不在任何地方，卻同時無所不在。如同最美的煙花，必須點火激發才能燦放；美就在心裡，必須經過一番勞心，才得看見它的存在。

---

1 漢寶德（二〇一〇），頁iii—iv。

2 詹偉雄（二〇〇五）。

3 黃琰譯（二〇一三），頁三〇。「品味」最早用於表達感官，逐漸演變成代表廣義欣賞能力的名詞。阿蘇利（Olivier Assouly）認為，品味本身是一種「反常」，藉由具審美能力者的權威，樹立品味規則。對於現有規則的逾越，是品味的提升，也是向大眾展示自我的方式。具有卓越品味的人士，因而得以推動革新，建立新的品味規則。

4 「美在意象」概念由朱光潛、宗白華提出，葉朗著書立說。葉朗（二〇一一）認為，「意象」是中國傳統美學的核心概念，「意象」才是美的本體，以「情景交融」中的「情」、「景」統一做為審美意象的基本結構。人類審美活動是「情景相生」的產物，也就是經由「創造」產生美感的過程。「審美意象」在人的審美活動中生成，它既不是實體的存在，亦非抽象理念，而是完整的、充滿意蘊的感性世界，也是人與萬物相遇、統一的生活世界。（頁四五—四七）

5 葉朗（二〇〇九），頁一二—一五。

6 朱光潛（二〇二〇）對於中外美學家美感經驗理論有較詳細的分析（頁八—九）。此外，「美感」與「快感」的主要差別，在於自我的涉入與當下關注焦點。美感是物我合一的狀態，快感來自外物刺激的反應。審美者得到「快感」，那就是自我的涉入，審美感知從「意象」轉到自我個人。快感和美感並非完全衝突，某個時刻的快感成為人生經驗，日後從回憶中再現，可能包含美感在其中（頁七二）。美感也可能伴隨快感產生，但審美當下只是沉浸在意象之中；日後追憶美感發生當時的感受，可能領會到曾經同時存在的快感（頁七四）。

7 朱光潛（二〇二〇），頁八—九。另外，劉思量（二〇一一）解釋，人有八種感覺：視、聽、嗅、味、觸、溫、痛，以及方向感覺。「刺激」來自外界變化所激發的訊息，由感覺細胞轉換成神經信號傳到腦部，大腦因而產生「知覺」，即是人對環境所意識的經驗（頁二二九）。劉思量討論藝術欣賞時，除了知覺，另外提出「注意」做為知覺的持續，即對於所覺知的對象給予較長時間的凝視或聚精會神的心理狀態。以藝術欣賞為例，「反應」可以分成「認知的、情緒的、行動的」三種。認知的反應即認知結構對欣賞對象進行類化、調適，經由適應、組織或再組織達到平衡的反應。情緒的反應是產生漠視、拒絕、喜歡或不喜歡、接受與了解等等的過程。行動的反應即對於欣賞對象產生覺知（awareness）、興趣、欣賞和享受、評斷和喜愛等反應。這三種反應可以只發生其中某一、兩種，也可能三種同時發生。（頁二六八—二六九）

8 李一冰（二〇一九），下冊，頁六四。

9 高建平譯（二〇一九）。杜威指出，在活著的生物與環境作用的過程中，經驗不斷出現；但這些經驗都是初步的感受。事物被經驗到，卻不是「一個經驗」；只有當我們經驗到事物走完其歷程而達到完滿時，就擁有了「一個經驗」（頁四六）。

10 朱光潛（二〇二〇）認為，象徵是記憶的基礎，過往經驗凝結為記憶之後，經驗的再現不必「和盤托出」，可以經由部分細節取代全體；這個部分的細節，就是全體經驗的象徵。朱光潛舉例，他的西湖生活經驗形成特殊情趣；日後吃到蓴菜，便可以回想當時經驗，重新在西湖的情趣裡生活一次；對他而言，蓴菜成為西湖生活經驗的一個象徵。（頁五五）

11 朱光潛（二〇二〇），頁一五三。朱光潛在這裡提出審美的「創造」和「表現」兩種動態過程。美感經驗的生成，我們「見」到一個審美對象，經由直覺或創造產生情趣，並且表現於意象，這是「情趣的意象化」。意象表現了情趣，經由欣賞見到這種被表現的情趣，即「意象的情趣化」。

12 朱光潛（二〇二〇），頁一五三。

13 感官本身不具有美或不美的區分，只是「有所感覺」；美或不美的分別，一部分可能來自生理或演化的需要。人的生存需要包括存活需要、安全需要、繁衍需要；滿足需要的現象與事物，往往帶來身心愉悅，例如滿足生命需求的食物可以讓人產生愉悅感。漢字「美」來自「羊」、「大」結合，說明美的基本價值是滿足人的需要。另一方面，因為人生命活動的安全而產生審美接受，以人的尺度做為舒適或衡量的標準，例如「圓」因為它的安全感而被認為美；美不在圓的形狀上，而在它給予人的感覺。因為人的精神文明發展，對於美的接受得以脫離生命存活的功利性，也超越了生命現實的限制（王妍、張大勇，二〇一一，頁六二）。此外，鳥類學家普蘭（Richard O. Prum）延續達爾文在一八七一年出版的作品《人類的由來和性選擇》（*The Descent of Man, and Selection in Relation to Sex*），指出在「適者生存」的天擇演化邏輯之外，透過生物對於美的認知，「美」經過性擇成為演化動力，造成「並非為了適應生存」而出現的演化結果，例如孔雀等鳥類的裝飾性羽毛，是為了性擇、並非為了適應生存而產生（鄧子衿譯，二〇二〇，第十二章）。

14 英國文化評論家貝利（Stephen Bayley）（郭玢玢譯，二〇一四）強調醜是美的一部分，而不是美的相反；但醜和美一樣複雜且充滿歧義。人們傾向用美來矯正醜，但兩者間的差異並不明確，甚至某些人的醜，卻被另一些人視為美而追求。朱光潛（二〇二〇）解釋一般認為的醜為「自然醜」，具有兩種意義：使人不快的感覺對象，或是變態、怪異的事物；但這兩種「自然醜」都可以經由藝術創作轉化為「藝術美」。同時，一般人以為的醜，還有一種並非「自然醜」的情況，就是面對無法理解、無法審美的對象，所產生的排斥。（頁一五六）

15 移情作用是外射作用的一種。朱光潛（二〇二〇）解釋，外射作用是將審美者自身的知覺或情感投射到對象物身上；移情作用不但將知覺與情感投射，並且設身處地進入對象物，以它的情感和知覺回應給審美者。外射作用是自己單方面的向外投射，但移情作用是雙向的交感，由我及物，亦由物及我。因此，外射作用物與我不必同一，但移情作用必須物我同一。移情和外射都可以產生美感，但是美感不一定需要經由移情和外射作用達到。（頁三一—三三、四七—四九）

2……美在意象

你面對驚心動魄的美，欣賞、感動、讚嘆的同時，身旁朋友卻無動無衷。美，只是自作多情？

說個故事，關於我的「廢墟情懷」。

我對廢墟著迷。破敗傾頹的房屋，或荒廢的工廠，對我都是一種奇幻的美，雖然磚塊和鋼筋裸露的牆頭上冒出樹幹和草叢，只是蒼涼與絕望的生機。

廢墟因為災難或悲劇而棄置，沒有任何浪漫元素。更多時候，廢墟被鐵籬圍繞、禁止進入。我不想住在廢墟裡，更不認為和廢墟相伴的生活令人羡慕。我的「廢墟情懷」只存在於遠觀；當然，廢墟經過保存整修，成為得以走入現場的古蹟或文化資產空間，又是另一個議題。

讀幼稚園時，我家從永和搬到「警察新村」。如今早已不存在的警察新村，位在松山機場附近，村莊四周一片荒地，夾雜少數稻田和農宅。村子有條彎曲小路，繞過幾棵大樹和稻田通往敦化北路；另一邊村頭連接民權東路。

眷舍是兩層樓房，一排上、下兩層共八戶，室內面積大約十坪。一樓住戶有小院，二樓住戶共用走廊和樓梯。如同其他眷村，住戶總有辦法加建空間，例如天花板上做成閣樓房間、後陽台蓋上屋頂成廚房。

我家是二樓的頭屋，上樓梯第一間。走出家門，樓梯轉角有個平台，是我經常佇立的地方，可以看到松山機場飛機起降，視力的極限是一脈青山，從大直到內湖的五指山系。

在警察新村，度過幼稚園到小學五年級的七年時光。

隔壁姓徐，住著一家七口。來自大陸山東的奶奶十分慈祥，家裡來了好東西，經常送給鄰居分享。例如我第一次見到新鮮草莓，和童畫書裡一樣的水滴形紅豔果實，戴著綠色草冠、綴著點點黃色麻子，就是老奶奶包在白色衛生紙裡，遞來我家的。

徐奶奶總是打扮整齊清爽，頭髮挽起束髻，瘦高個子掛著長鬆衣褲，顯得飄逸。

一個下午，寫完功課溜出去玩。推開紗門，套上拖鞋，猛一抬頭，徐奶奶站在小陽台，面向著遠方青山，髮髻鬆開，稀疏花白的頭髮散垂，沒有光澤，沒有彈性，像一把風乾米粉，微微隨風飄擺。

徐奶奶穿著灰色上衣、深色長褲，定靜地看著遠方。微佝的背影，融在溫柔光線裡。

我三步併成兩步從她身後掠過，衝下樓梯加入遊戲。那天和誰、玩了什麼，早已忘記；徐奶奶的背影，就那麼一瞥，卻刻印在心中。

這背影對我有何意義，一直不明白。好多年後，看到父親逐漸年邁，臉上風霜掩蓋了神采，生活重擔和病痛壓彎了挺直的腰桿，我終於理解，徐奶奶那背影，是我記憶中第一道關於歲月的風景。

老，也可以風華。

小學畢業前一年，警察新村拆除改建。鄰居陸續搬走，屋子成了廢墟，門戶大開，門窗拆了只剩木框架，廢棄物滿地零亂。我和幾個孩子每天到各家穿梭，在廢棄物中尋寶。忙來忙去不曾找到寶藏，倒是這些家裡曾經發生的故事，讓我在翻揀遺棄雜物時，充滿好奇與聯想。

空屋每天增加；尋寶孩子一天天減少。

終於輪到我家離開。家具、紙箱裝進貨車，最後是我和弟弟，隨母親坐進駕駛座旁的空位。貨車往民權東路方向駛出馬路，右轉，朝敦化北路前行，剛好繞行村子北側外圍。

村子地基比馬路高。貨車駛經民權東路，我微仰頭望向熟悉的村落，兩層樓的排屋，一列一列如同往常。很容易找到我家，住了七年的房子，在明亮的藍天白雲之下，顏色灰舊暗淡。我瞪著看了幾秒，卡車前行，很快老家離開視線。

歡欣地住進新家，那是租來的舊公寓，但我和弟弟有了自己的房間，家裡還有浴室，包括一座浴缸。對我而言，那是人生的重大躍進。我以為老家很快會被遺忘。

藍天白雲下的廢墟，最後一眼的畫面，卻從此成為我對老家最深刻、最眷戀的印象。那一刻的遠離，告別舊屋，也從此走出童年。

飛快進步的台灣，城市不斷變貌，四處拆屋起樓；不斷更新建設的城市，和我青春發育的節奏同步。等我不再年輕，回首過去歲月，才注意到許多附著青春記憶的城市地標，早已不知去向。

非常喜歡一部日本動畫電影，吉卜力出品、宮崎駿導演的《天空之城》。故事講述高度文明的古代王國，建造飛行在空中的城堡「拉普達」，但王國人民早已移居地面，只有高科技城堡始終飛翔。故事的結局，正統傳人希達為避免拉普達落入野心王室後代，啟動咒語摧毀拉普達。

《天空之城》給我很大震撼。除了我熱愛各種飛行機器，拉普達壯觀宏偉但空無一人的寂靜，以及背景襯著白雲藍天的廢墟場面，與我有著強烈共鳴，不明原因的傷感油然而生。拉普達土崩瓦解、散落海底；城中巨樹不被咒語影響，錯節盤根地捆包著僅存的城堡，帶著飛行石向宇宙而去。

拉普達成為我心中一個鮮明的符號。曾經因為工作和興趣，經常走訪國內外古蹟、古鎮，見過不少廢墟；每次看到廢墟，總想起拉普達。

有段時間經常進入荒廢的松山菸廠。牆破瓦殘、物件散落，對我卻是莫大的吸引力。即使髒亂濁臭、蚊蟲叮咬，我著迷於時間停格的滄涼，斑駁牆面好像極細的沙漏，用落灰數計著日子的過去。樹木花草沒了人類干預，自由任性發揮；靜靜坐在樹下，彷彿聽見枝枒向天空伸展或細根扎進地面的輕微聲響。

松山菸廠就像拉普達，人去樓空，但非真空，「自然」住了進來。有一次進入調查，靠近忠孝東路五五三巷的牆邊水池，草叢裡藏著的過冬水鳥被人聲驚嚇，振翅起飛，水面濺起點點水花。我看著失了神，成為立在池畔一尊雕像，直到同伴喊叫才被驚醒。

前幾年，造訪宜蘭中興紙廠。當時只有少數建築整修之後開放，圍著草地四周的廠房，如同被轟炸過的殘破。斜陽下的廢墟，光線投影在草地，明暗區隔地畫出巨大幾何圖形。隔著草地對面，是一棟有煙囪的建築，灰暗泥色牆壁旁邊有幾棵綠樹，背後透藍的天空貼著棉絮般的白雲。

我又想起拉普達。稍微仰頭的視角，剎那間把我帶回到離開警察新村那天，四十多年前坐在貨車上的視覺記憶，忽然對應著貼合了眼前實況。

這才真正明白，無論拉普達，或這些年對於廢墟的動心，始終呼應著心中掩藏的追憶，那是對警察新村老家的最後回眸。

古蹟舊物的美感來源，是對於時間逝去的不捨、過去青春的追憶、美好時光的懷念、歷史過往的喟嘆，或只是遺憾於已經失去的形式或技術。但是，這些廢墟環境，是現代社會急欲去除的落後與不堪，即使被指定做為文化資產保存，隨之而來的活化再利用，往往加入現代創新設計和應用，將古蹟轉化為容器，襯托當代設計師所想像的後現代華麗。

看到了醜，卻在心中感受美。真實的體驗讓我了解，醜是美的一種形式，而不是相對。通過醜，讓我重新思考美，甚至從中感受到泫然欲泣的歡愉和感動。

3 美在印象

在你心中，有一片最美的風景嗎？更精確地問，是否有一片河景，偶爾浮現腦際，會令你情不自禁地嘴角上揚、瞇眼揚眉？

對於河景最早的記憶，是夾在兩岸堤防中的彎蜒清溪，灰土色沙洲曝曬在秋日陽光下，綠莖白穗野芒隨風搖曳。

幼年居住的社區，家門外巷道狹窄陰暗，沿著房腳邊有條水溝，經常排流著汙水。曾經看到比我大幾歲的鄰居哥哥，蹲在水溝邊，將關著老鼠的籠子慢慢降落在溝水裡，老鼠在浸水的籠裡衝撞，這個角竄到那個角，嚇得吱吱叫。

一天下午，鄰居姊姊帶我走出巷子，面對著看來像座小山的堤防，順著不平整的樓梯爬到頂端。堤防頂面像一條窄路，向左、向右伸展，箭頭般地收斂向遠方。陽光是令人感覺乾燥的黃色，遠方青山白雲輪廓分明，面前十分寬廣的河道，只有細窄水流穿越中間，緩緩悠悠流著。堤防下緣與河面之間，是長著青草的灘地。

那畫面構成我的第一個 3D 立體河景記憶，天高、地闊、細流如帶。我對這片河景的印象僅止於此，沒有多少留戀。刻畫在生命裡、最重要的河景，位在花蓮縣豐濱鄉，秀姑巒溪從舊長虹橋到出海口的區域。

第一次東部旅行在大學聯考之後，和大一同學去光復鄉拜訪同窗。我們泛舟，從瑞穗出發，順秀姑巒溪下行，水流時而激快、時而緩平，載著我們曲折穿透山脈，歷經四小時抵達長虹橋。

離船上岸前，終於放鬆了心情，瀏覽四周山景。長虹橋的鮮紅橋面下方，是弧形如虹的白色結構，橫架在兩岸翠綠山壁上，迎著午後光線格外奪目。向前方望去，河面平緩如綢，遠方小島像紙鎮般立著，背後是無邊無際的大海和天空。

在長虹橋頭的小店買了飲料和車票，擠著巴士回到花蓮。雖然一路站立，還是搖搖晃晃地睡了。直到下車，看到市區馬路和樓房，瞬間感到失落，彷彿隔著一場夢，那些上岸前泡在水裡、抬頭看到的白體紅橋以及藍天青山，河海交會處的小島，都已經遠去。

三年後，大學畢業旅行再次安排秀姑巒溪泛舟。同學興高采烈地划舟順行，每遇激流必定衝向浪花最奔放的河段，以頃刻的緊張換得過關的亢奮。

離終點不遠，心情放鬆。我們操槳衝向一處激流，船底撞上了石塊的斜面，水力推著船頭順勢揚起，幾位同學瞬間被彈出艇外，接著橡膠艇像翻扣的碗一般罩下，我和一位同學被困在船下。船底和水面之間的距離，剛好頭頂著船底、下巴浸在水裡。陽光透過黃色橡膠船底照下來，亮度隔去了大半，呈現詭異的暗橙色。在視覺可及的範圍裡，看到同學像是被撈出水缸的金魚，瞪著眼、大口喘氣。

我們一人一邊拉著船身，倒扣的船壓迫在我們頭上，誰也無法逃脫。千鈞一髮之際，我忽然放手了。橡皮艇受到河水衝擊翻回正面，但我失去連結，被沖向激流。腦中閃過念頭：我要溺水了！反射似地挺身抬頭，眼前景象從剛才平視的水面波浪，驟然換成仰視峽谷山壁和白雲藍天。在眼前再度陷入黑暗之前，那一抹山景天光，將是我人生最後見到的色彩？

腦中一片空白。快艇馬達聲由遠而近。頭戴紅帽、赤裸上身、皮膚黑亮的救生員操縱快艇減速，直盯著我看，卻沒有伸手救人的意圖。我忽然意識到，身上穿著救生背心。

回過神，雙腳向下蹬，腳尖踩到了河底。半游半走朝向河岸移動，四肢並用離開水面，轉身面河在石塊上坐下。看著河水淌淌，我努力回想，剛才扣在船底那一瞬間，我怎麼能夠如此坦然地放手？

這次泛舟，和上次在同樣地方上岸。後來知道，登岸地點是大學同學阿山的老家；上回買車票小店的老闆，是阿山的母親。

從阿山家門口往前走十步，踏上舊長虹橋。順著河流方向望去，右邊是靜浦村，左邊

港口村；前方島嶼，阿美語稱為「奚卜蘭」，在河口之中的意思。

一九八八年底，好友旭智師專畢業，分發到秀姑巒溪畔的港口國小任教。距離大學畢業不到半年，我帶著面對未來的茫然，從台南搭巴士，繞過半個台灣來到港口村，借住旭智的宿舍。白天他上課，我一個人讀書，或在部落閒晃；晚上一起坐在河邊喝啤酒聊天，望著對岸寧靜的靜浦村，燈火從海邊點點相連到長虹橋頭，留下山谷中的暗影。

週日，旭智租了一輛裕隆汽車，我們駕車遊縱谷。裕隆飛快奔馳，一路超車；我們車窗全開，風速和車速同樣令人亢奮。正要超車一輛ＢＭＷ，駕駛大哥瞬間加速，兩輛車在公路上並行，我們被迫待在逆向車道。最後裕隆加足馬力超過ＢＭＷ，隨即傳出金屬碰撞聲，以及強烈震動。

裕隆往前衝出一段距離，驚魂甫定之後停車查看，和ＢＭＷ車主討論善後。剛才那一瞬間，速度和方向如果絲毫誤差，裕隆不是撞毀就是翻覆。

談判過程並不順利，駕駛大哥真是大哥。回到溪畔，夜已昏暗，看著對岸靜浦村的零星燈光，水流無聲，星月無明，我和旭智安靜並坐。歷劫歸來，各自數著心事。

歲月悠悠一如河水淌淌。三十多年過去，好多次經過長虹橋，有時南下，有時北上。

二〇〇三年，寬闊壯麗的長虹新橋落成，舊橋橫架一旁，幸好並未拆除。這橋、這河和這島，就像老朋友了，經過一次，問候一次：別來無恙？

二〇一八年聖誕節前夕，和同學明勳相約到靜浦住三天，又是別番心情。

大學時期，同學比起酒量互不相讓，但公認阿山排名第一，尤其啤酒。我和明勳到阿山墓前獻上啤酒。那天太陽熱情，我們迎著海風，將台灣啤酒傾倒在溫熱的墓前水泥地面，頓時泡沫橫流、麥香四溢。我深吸一口和著海風的酒氣，想著這啤酒，阿山喝到了。

前一年，阿山五十歲生日之後胃癌去世。大學畢業，阿山公費出國念到博士學位，獲聘台灣大學教職回國服務，研究表現傑出，深受學生愛戴；他積極為原住民服務，上山下海輔導部落產業，推動教育文化不餘遺力。無奈英年早逝，令人扼腕。

「安息主懷。黃榮山之墓。民國五十六年一月卅日生。民國一〇六年五月卅一日歿。」墓碑上阿山的照片，永遠英氣風發。

從阿山長眠的角度望向太平洋，地平線區分了海的綻藍和天的青藍，幾抹白雲懶洋洋地飄著。落花生大小的漁船幾艘，遠看靜止在海面；眼前幾棵直挺的檳榔樹，葉脈搖曳回應風的律動。側頭右望，北迴歸線碑旁幾部大小車輛停泊，遊客點點，傳來透過大聲公呼喊叫賣的人聲。

阿山喜歡熱鬧。在這裡休息，不會寂寞吧？

這一回停留，走遍港口、靜浦兩村。從地圖看，奚卜蘭島位在河口中央，但它和靜浦以沙灘相連，村子裡小路走下河岸，經過沙灘可以繞行上島。秀姑巒溪真正出海口在小島北側，大聖宮前方不遠的海灘。

當晚就著月光，我從靜浦村摸黑下到沙灘，朝向波濤聲音前進。不久，置身在廣闊的沙灘中央，頭頂明月當空，清朗無雲；腳下暗灰沙地泛著銀光，身後不遠是陷入山影的奚卜蘭島。大海就在十幾公尺外，灰色浪潮拍岸，低沉澎湃充滿力量，由近而遠，再由遠而近。此刻我好似飄浮進入太空，置身在宇宙無垠的延展之中。

仰面朝月、閉上雙眼，平伸雙臂、手掌向前，氣流的撫摩讓我得以分辨身體與虛空的邊

際。不想張開眼睛，只想就這樣融入天地；又怕回不了現實，如夢境消失一般地化入虛空。

張口卻無言，想哭卻無淚；第一次有這樣的感覺，肉身無形無界地與天地合一，自己既巨大又渺小。

遠處傳來孩童報佳音歌聲，意識瞬間被喚回人間。耶誕節到了呢！回頭尋找通往村子的小路，緩步走回下榻民宿。

二〇二一年初再來長虹橋，這次家人同行。正午時間，從大聖寺前下到秀姑巒溪口沙洲，一直走到海河相交之處。

我以為每條大河入海，都是開開闊闊的景象。秀姑巒溪水系廣泛，主幹流長八十一公里，一路浩浩蕩蕩而來，這樣一條大河與太平洋交會的出口，在枯水時期，寬度不過十來公尺。站在河口沙丘邊緣，外側是無際的大洋，浪濤滾滾；內側是穿山繞谷而來的大河，奔騰推湧。我的面前，兩流相激，潮起浪翻，推出一道白色水界，展示著河海力量的分庭抗禮。水界之下卻是河海不分，淡水與鹹水彼此相融。

用手機錄下扭曲移動的白色水界，那是生與死的界線，驚心動魄。大河之水曲折而來，穿透河海交界流入大洋。大河抵達終點，生命在此消逝；河水注入廣闊大海，成為無限連續狀態的存在。

如果問我，心目中是否有一處最美的河景？小時候那片河景，永遠停留在記憶開始的彼端。靜浦村的秀姑巒溪，和我生命相繫，層層疊疊的記憶累積，成為不能磨滅的印記。不論身在何方，想起一彎紅橋橫架青山之間，就會有一道暖流劃破意識的冷凝晦暗，帶我看到幸福的陽光。

始終記得巴布·狄倫（Bob Dylan）那首〈Blowing in the wind〉的歌詞：

How many roads must a man walk down
Before they call him a man…

成就一段人生經驗的美，要用多少生命痕跡去交換？人生不會停格、不能倒退，每一刻的當下感受，即使微如水滴，用心做容器，耐心收集，最終也能成為一方池塘。日常之中，因為美感而產生的愉悅，每一筆刻畫在記憶之中，都是曾經認真生活的痕跡。

美是生命的微笑，它來自我們內在，是面對每一個美好念頭的動心。

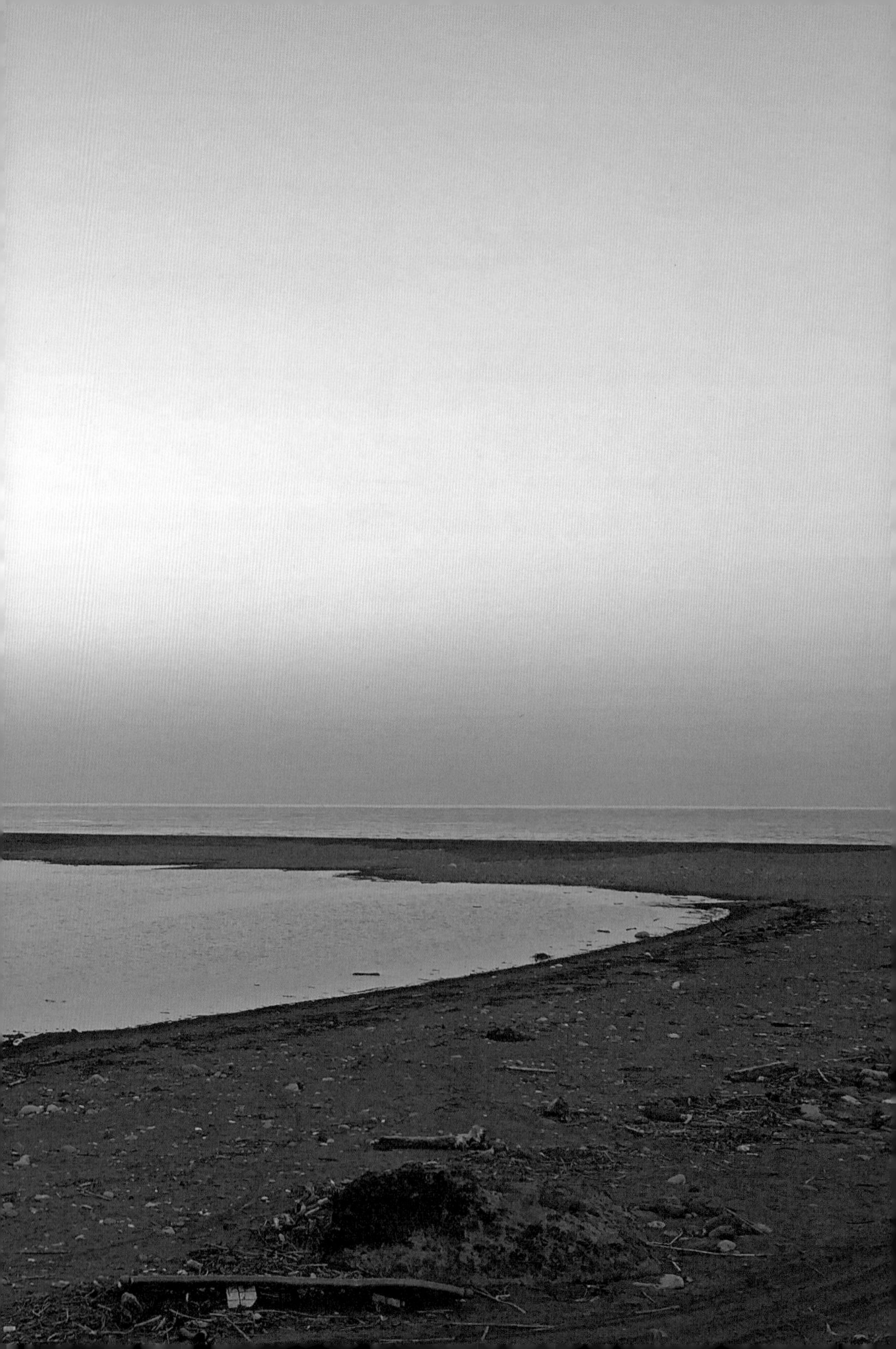

4 ……… 美在相印

仔細看過繚繞的煙？煙這種物質轉換的化學現象，尋常、輕渺得不值得注意；但有時令人聞之色變，尤其它意味著汙染、危險甚至災難的降臨。

我喜歡看煙，原因很「物理」。大學讀航空工程，認識了空氣動力學的實驗設備「風洞」。簡單說，比方有一架飛機，想知道它在氣流中的各種效應，做個模型放入風洞，透過人造氣流測量各種現象。

問題來了，如何看見氣流？在風洞裡，解決方法就是煙。進入流場的煙，顯現了氣流的姿態。

「眼見為憑」，從小讀這成語卻不曾想過，「真實」被判定不存在，可能只是因為沒有被看見。但是，如同煙之於風洞，只需要簡單的介質，讓我們認識了看不見的真實。

煙的形態來自氣流變化。文藝復興時期巨匠達文西，曾經仔細觀察流體，以細膩精準的線條，描繪氣流和水流暗藏的動態力量。我沒有達文西的眼力，但拜拜燃香、祭祖燒紙，或在室內燃點一炷線香，注視著煙的扭轉升揚，是很療癒的過程。煙的輕渺或濃勁，受到燃燒狀態影響；至於煙的千姿百態，來自氣流的周旋。輕煙與流氣，像是頑皮孩子的遊戲，一個捉弄，一個撒嬌。

看煙是個閒趣，但不曾想過，一枝藏香的輕煙，給我如棒喝般的震撼。

得知台中菩薩寺慧光師父在尼泊爾興學，心中著實感佩，想著如何響應。菩薩寺網站上看到「仁青德哲藏香」，買了一款「朝真」結緣。接著有段時間，在家也用，在辦公室也用，除了聞香，偶爾靜坐看煙，注視著細香頂端一點紅光，連綿接續的煙線從此出發，盤旋環繞著向上旋升。

好奇搜尋仁青德哲何方人物，Discovery 頻道和大陸媒體合拍紀錄片《生活在極境》，開篇之首就是仁青德哲。影片中的他，揹著採藥籃子，行走、攀爬在藏區蒼茫天地間，無比孤獨和艱苦。他每年花七個月時間搜集藥材，甚至為了取得淨水，攀登到六千六百米高地，挖掘結凍的冰川，帶回融化用於製香。

他說，藏香是人和天地的共同創造，必須心懷感恩。採藥時，他對著植物微笑，歡喜地將藥草植物請回，因為植物很慈悲，為了製香需要而捨棄生命。炮製時，要喚醒植物的藥性，同時去除天然毒性。製作線香時，他默念藥師咒，將祝福融入藥料之中。

仁青德哲原本家境優渥。青年時期，父親生意失敗，他一無所有，在藏區搬煤維生。日夜操勞之際，每天聞到藏香，就好像不斷提醒他還有一項天命，要傳承藏香文化。

終於拜在老僧人門下，學得不外傳的製香技術。他遵照師父教導，為了求得最佳藥性，同一種植物用於不同的香，必須來自不同的坡向。例如：早上點的香，要用面東、迎向朝陽的草；傍晚的香，藥草來自餘暉灑落的西坡。

許多藥草取得困難，他孤獨地攀山尋覓，甚至冒險垂降至崖壁摘取。有記者隨他出去採藥，歷經各種天險之後，讚嘆地說：「仁青德哲用生命在做香。」

做香第十年，仁青德哲感到困惑，面對藏香的博大精深，他失去信心。質問自己的初衷，他三步一叩、徒步二千五百公里，以堅定的行動、虔誠的信念，制服自己的心猿意

有德自然香

馬。苦行之後，他專注安心製香，發願復原一款已經失傳的藏香；終於製成之後，取名「朝真」。

看著面前的朝真，我肅然起敬。點一枝朝真，不過舉手之勞；如果安心領受，一枝香就是一場儀式。

立起一線藏香，點火、煙起，香氣逐漸瀰漫；最後香盡煙散、灰崩灑落。專注感受一炷香，從實到虛、從起到滅，原來，聞香意在問心？

到台中菩薩寺拜見葉本殊執行長，了解仁青德哲和藏香的故事。過往，葉本殊長期使用沉香，並不喜好藏香。有一回在尼泊爾，被現場點燃的仁青德哲藏香吸引，後來認識製香師本人，了解他的生平，感佩他對待藏香的虔誠。同時，菩薩寺前往尼泊爾建設沙彌學院，仁青德哲十分佩服，於是將用在布達拉宮、大昭寺供佛的作品，交給菩薩寺供香。

仁青德哲的藏香，求買者眾多；但他生活簡樸，每年製香所得只留下生活費用，其他用於藏區行醫，幫助苦病同胞。他發願，用義診得來的福報，再布施給仁青德哲藏香的結緣者。

藏人用香有醫療目的，但葉本殊說，使用仁青德哲藏香，不要急於印證功效，而是感受這香所傳遞的愛與慈悲。

葉本殊諄諄善誘，打開我心中的眼睛。在疫情橫行時節，我喜歡燃點一枝「朝真」，在氤氳之中感受大山氣息，念想仁青德哲對著植物微笑。

有一次點香，入神地看著微煙輕飄，忽然一截香灰斷落，那一瞬間，我好像目睹巨石崩墜、大樹傾倒，受到很大震撼。那種震撼無關宗教神佛，而是美感的啟蒙，像寒冬夜裡冰水當頭淋下的那種顫動。那一刻，我意識到一枝香裡的澎湃力量，感受到出自心底的喜悅。

仁青德哲的虔誠凝結為香，不遠千里從大山來到我的案前。纖香從有形燃化為無形，轉態為青煙和香息。最後煙消香散，除了幾段線狀香灰，一無所有；但仁青德哲的祝福卻從無到有，轉化為力量，進駐我心。

在那之後，點燃仁青德哲藏香，好像暗室裡瞬間接通電源的燈泡，總能當下令我感受到安靜與喜悅。我不認識仁青德哲，但他的香，一點火光和一點氤氳，讓我領會到心靈的相印。

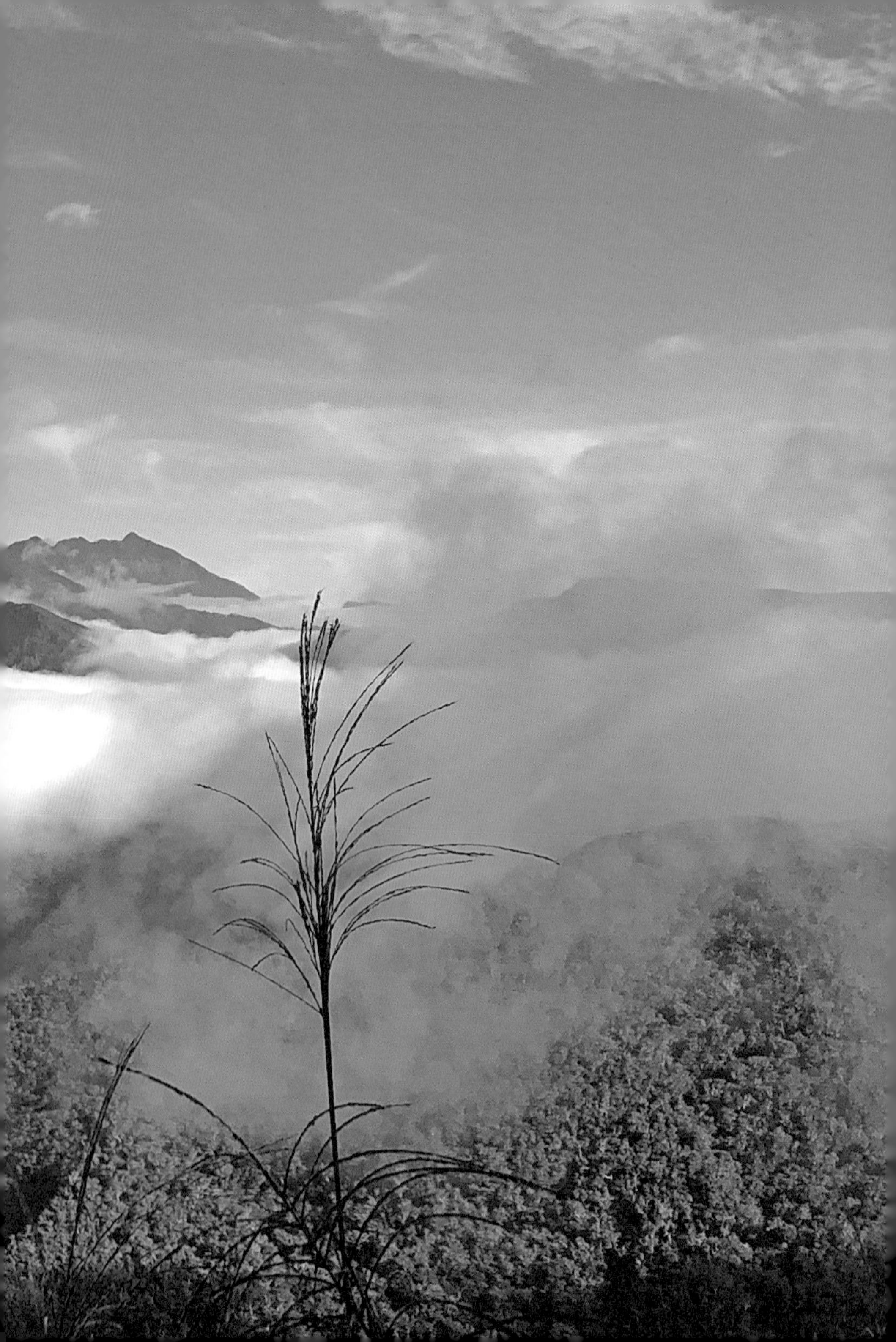

貳 探尋

美在匠心

1……ISM：每個人的主義

疫情期間，在「ISM主義甜時」網站下單「甜點送到家」，期待一場宅在家的甜點慶典。約定的日子，甜點抵達樓下，送貨先生載著口罩，眼神透出閃亮笑意；他是ISM創辦人陳世霖，親自為顧客宅配甜點。

坦白說，注意到ISM、成為顧客，最初吸引我的不是甜點，而是這位創辦人。

陳世霖的藝術靈魂，分別周遊在音樂和甜點領域，最後在ISM得到生涯的統一。

他是大提琴家，經歷六百場旅行演奏之後開始懷疑人生，這是自己想要的生活嗎？結婚但不能陪伴愛妻，孩子出生卻不在現場。他選擇離開舞台，前往日本福岡、投入甜點大師三嶋隆夫創辦的名店「16區」學藝。那年他三十二歲。

三嶋隆夫很嚴格，所有食材都要求新鮮、手做。曾經按弦拉弓的手，因為整天攪拌麵粉、奶油等食材，一度失去知覺，經過開刀、復健才好轉。在日本工作兩年，盡得師父傳授，邀請同門師兄小松真次郎一起回到台北，創辦ＩＳＭ。

提琴家的演奏生涯從一把名琴開始。開創甜點事業，陳世霖首先講究廚具，設備花費將近千萬台幣，幾乎用掉所有資金。音樂家上台重複演奏相同曲目，每一場都是挑戰；甜點師傅更是戰戰兢兢，重複每一個動作。世霖說，演奏音樂和做甜點一樣，失手不能修改，再小的錯誤都是失敗。

十九世紀，作曲家華格納用音樂塑造德意志精神；巴黎的傳奇主廚卡瑞蒙（Marie-Antoine Carême）用美食甜點創造法蘭西驕傲。經歷過二十世紀再回顧歷史，德意志精神令人五味雜陳，法蘭西驕傲卻傳遍世界。許多日本師傅匠心獨具，承襲法式傳統再融入大和精神，形成日式法國料理，甜點尤其明顯。

最能彰顯文化融合精神的甜點「達克瓦茲」，是三嶋隆夫的著名傑作。他取用法式慕斯的杏仁底餅，與和菓子「最中」的技法融合，發明這款獨特甜點；達克瓦茲後來被引進法國，走紅之後再流行到日本。在ＩＳＭ，陳世霖將台灣水果加入甜點，延伸了三嶋隆夫的在地化追求，也呼應著國民樂派的精神，在古典傳統中加入民族特色。

著名的交響樂團都會遴聘客座指揮，為樂團演出帶來不同的風格。熟悉交響樂團運作的陳世霖，也在ＩＳＭ設定了客座主廚制度；他計畫每年聘請一到二位客座主廚，為廚師團隊帶來新技法與口味變化。

曾經是台灣高中生必讀的《三民主義》，開宗明義：「主義是一種思想，一種信仰，一種力量。」ＩＳＭ是英語中「主義」的字尾，某個字後面加上ＩＳＭ，就代表著一種主義。陳世霖解釋，以ＩＳＭ做為店名，因為它成全任何一種主義；如同口味，因人而異。

做為演奏家的陳世霖，在舞台上揮灑著音符的快慢輕重；走進ＩＳＭ廚房，他在甜點中拿捏著口味和風味，為食客創造驚喜。嘗著ＩＳＭ的甜點，達克瓦茲、奶油蛋糕捲、泡芙、可麗露、布列塔尼酥餅等，總讓我專注在味覺，尋找食物和感官的對應；我的口味經驗，就是我個人的美食主義。

2……洲南鹽場的「鹽承續」

日頭下、海風中，自稱「鹽承續」的蔡旻樵面色黝黑，站在淺水瓦埕裡，帶領遊客體驗曬鹽。他端出待客的「鹽工茶」，由紅糖、甘薯粉加鹽沖水而成，是以前辛勞鹽工的液體甜點，補充營養又飽腹。

蔡旻樵喝鹽工茶的姿態，看起來很文青。他為什麼下海曬鹽？

嘉義縣布袋鎮出生的蔡旻樵，成長歲月與鹽田沒有交集。二〇〇一年台灣停止曬鹽，台鹽公司籌備鹽業博物館，委託調查鹽業歷史；蔡旻樵跑遍台灣鹽場遺跡，訪問近百位鹽工，完整記錄了鹽業二百年的興衰演變。再回到家鄉，凝視著已經荒廢的鹽田，他不禁沉吟自問：「難道我只能為鹽田拍遺照？」

他決定下海當鹽工。正好文化部推動「產業文化資產再生」，他申請到第一筆經費，得到當時嘉義縣文化局鍾永豐局長協助，租下一八二四年開闢的洲南鹽場。當時鹽場廢棄七年，早已面目全非；經過老鹽工指導，蔡炅樵投入資金數百萬元恢復設施，學習曬鹽技術，規畫環境教育課程內容。

「水地風光人曬鹽，」他念著自創的七字訣說，「曬鹽就是玩水。」海水引進蒸發池，一池換一池地逐步提高鹹度，直到結晶出現。但陽光有晴陰、氣候有乾溼、溫度有冷熱，曬鹽人必須反覆量測鹹度，一如製茶人對溫度的講究。日頭下的海水加上汗水，讓人工曬

鹽成為藝術結晶。至於收成，「土地公作主。」他說。

礦物質與微生物的變化，是日曬鹽的風味來源。在洲南鹽場，蔡炅樵帶領的環境教育課程，不同來源的食鹽一起比較，小朋友都能夠分辨其中的風味差異。他意味深長地說：「我們都會用鹽調味，卻忘記鹽有自己的風味！」

最初因為「文化價值」走入鹽田，後來認識到，人工曬鹽必須轉化成「商品價值」才能存活。洲南鹽場產品包括霜鹽、藻鹽、粗鹽、鹽花、藻鹽花、旬鹽花等多種，在台灣約有五十處通路，許多餐廳和名廚指定使用。他經常到各地擺攤賣鹽，尤其進到台北高級百貨公司，很多消費者停下腳步聽他談鹽、買鹽，這都讓他充滿信心，賣鹽可以很時尚！

製鹽鼎盛時期，全台灣約有鹽田六千公頃，如今的洲南鹽場只有二十公頃，「鹽承續」的名銜豪氣，卻也難免寂寞；還好太太沈錳美一起投入，成就志業同時照顧家業。

我問他，理想的生活藍圖是什麼？他說，讓更多人喜歡洲南的鹽，他就回家專心曬鹽，「工作一天之後，拿罐冰啤酒坐在池畔，雙腳泡進鹽水看夕陽，享受人生的幸福時刻。」

「鹽溶於無形，卻為食物帶來美味。」蔡炅樵常把這句話掛在嘴邊。對於消失而又復興的曬鹽產業，「鹽承續」低調地存在著，只為了人們味蕾上增添的那一點風味。

3 善循環的黑豆

「善循環或惡循環，就在一念之間。」綽號「將軍」的蔡財興說，如果消費者只購買低價產品，廠商不斷降低成本，市場劣幣驅逐良幣，就是「惡循環」。反之，付出合理價格啟動「善循環」，督促廠商使用友善種植農產、誠實製造，消費者吃得安心健康，同時保護了環境和生態。

出生西螺鎮的蔡財興，小時候沒零食，嘴饞了就跟在母親身旁打轉，直到工作中的母親打發孩子：「去拿碗白飯淋醬油。」晶瑩雪白的米飯，淋上醬油香味撲鼻，不用配菜就能吃下一整碗。這是他童年記憶裡的幸福美味。

濁水溪白米和黑豆醬油，是西螺鎮兩寶。醬油生產鼎盛時期，西螺曾有六十多家醬油廠。蔡財興從小吃西螺醬油，但十多年前才猛然驚覺，國際貿易造成龐大價差，導致高成本的台灣本地黑豆幾乎絕跡；西螺醬油名聞遐邇，但主要製造原料，早已改用進口黑豆和黃豆。

根據農糧署統計資料，台灣黃豆和黑豆總生產量，一九八五年有一萬兩千公噸，往後不斷減少，二〇一一年只剩一百餘公噸。就在產量谷底這一年，蔡財興投入黑豆種植，建立產銷班，帶領農民契作，成為名符其實的「黑豆將軍」。

當年蔡財興盤算，西螺醬油工廠每年需要至少一千公噸黑豆，再加上生態解說、農業體驗和食農教育等加值，種植黑豆一定有市場價值。不幸事與願違，本地黑豆雖然新鮮、品質好，成本卻高出進口黑豆很多，不被市場接受。直到二〇一三年接連發生食安風暴，消費者更加注意食品安全，醬油廠才開始採購本地黑豆。

蔡財興和工廠合作，以傳統方法釀造醬油。一般醬油釀造方式有兩種，加入鹽水的溼式釀造，和不加水的乾式釀造。蔡財興採用費工的乾式釀造，黑豆麴下缸，倒入大量粗鹽，但完全不加水，以石膏密封醬甕，無氧釀造最少四百天。乾式釀造取得醬油汁量很少，但味道醇厚；無氧釀造也不能中途開甕檢查，蔡財興說，等待四百天，開甕好像開樂透；過程中稍有漏氣，整缸醬油就失敗。但只有這種乾式密封釀造，才能得到他心心念念的老味道。

蔡財興的將軍企業社，除了黑豆醬油還有黑豆醋、黑豆茶、炭焙黑豆、黑豆點心等產品。他自稱「沒學問的老農」，經由四處請教、查找古籍藥典，學到很多黑豆的養生和營養原理，讓他相信黑豆產業一定有未來。

蔡財興種植黑豆、推廣契作、研發銷售黑豆產品，經過十年努力，終於看到市場風向改變。他說，農業消費走向「買在地，吃在地」的風土認同，消費者已經知道，便宜食品萬一吃壞身體，代價更高。他相信推動「善循環」的永續滾動，是最有價值的堅持。

4 純情白米飯

在京都「喜心」（Kishin Kitchen）用早餐，陶鍋中的米飯分三次盛碗，讓客人嘗到不同火候，是廚人對於料理和款待的用心。餐後，帶著米飯的味覺記憶，走進電器商場尋找電鍋，目睹了一場科技較勁。其實，科技人早已加入米飯戰局，日本人對於米飯美學的講究，讓我佩服滿懷。

「喜心」在祇園花見小路側巷，由年輕廚師主理，只供應早餐。菜單「一湯一飯」強調當地、當季食材料理的白味噌湯搭配白米飯。味噌湯鮮美，但招牌畫著八顆大米，暗示陶鍋裡素白清淡的白飯，才是喜心的重點。

喜心的陶器很講究，由專業顧問挑選，每位客人選用不同陶碗。烹飯的手作陶鍋來自「一志郎窯」，樸拙造型讓人聯想到博物館裡的考古收藏，但它是許多現代日本廚師鍾愛的煮飯神器。

客人入座，陶鍋加熱。廚師打開鍋蓋，展示初熟白米飯，分盛到客人碗內。香氣氤氳、粒粒飽滿的米飯，被極薄水層包覆得晶瑩透亮；吃在口裡，外柔內硬，明顯咬到米心。陶鍋繼續加熱，第二次掀鍋盛飯，米色轉為柔白，少了溼亮、多了熟透的軟棉口感。大火加熱後第三次起鍋，廚師先請食客欣賞焦黃鍋巴，分到個人碗裡是由白到焦黃的米飯漸層，白色飯粒扎實，焦褐鍋巴堅脆。

旅行日本的記憶裡，到處吃得到好米飯。最驚豔的一次，參觀越後妻有大地藝術祭，住在鄉間廢校改建旅宿，晚餐由社區媽媽煮家常菜，米飯出奇美味。一群台灣來的旅人排隊加飯，纏著笑顏綻放的社區媽媽問：「米飯為何這樣好吃？」答案是，信濃川灌養越光米，加入適當比例的水，其他就交給電鍋。

日本人對電飯鍋的認真，鑽研到了牛角尖裡。電器商場兩大品牌，隔著貨架「虎象大戰」。兩個品牌經歷多年創新，高壓、強火、美觀只是基本條件；其中一家，強調創新改

良內鍋，厚達十一層的多重材質，兼融陶鍋和鐵釜的長項。另一家改良加熱技術，工程師徹底研究柴火、鐵釜的傳統煮飯過程，發現「不均勻供熱」的祕密，於是電鍋底安裝三個爐盤輪流供熱，令鍋內水米激烈對流。

我無緣品味這兩只電鍋的米飯成就，很好奇誰更勝一籌。回來台灣，將兩強相爭的電鍋科技，轉報關山農會「米國學校」校長彭衍芳，請教達人如何判斷。彭校長回說，土灶柴燒搭配陶鍋煮飯最好，兩家公司費盡心力，是用科技還原傳統效果。校長說，電鍋固然方便，但灶旁顧著爐火的煮飯身影，才最教人思念。

是了。米飯是主食，是口味，是文化，更是人情與親情。電鍋取代傳統工具，追求口味極致；平淡米飯成為心頭美味，還需要為著家人或客人煮一鍋好飯的關愛與用心。

5 卡彿魯岸的莊嚴承諾

電話另一端的華偉傑言談斯文，聊著他全心投入的泰武咖啡。我問他：「由產到銷，最喜歡哪個階段？」腦中浮現他烘豆和品評咖啡的專業姿態，這是我猜想的答案。

「我喜歡在山上種咖啡。面對大山，踩著土地，多種一棵樹，就多一個希望。」順著他的答案，我切換畫面，想像山中農夫滿身塵土的勞動場景。

二〇〇九年，華偉傑從英國拿回名校的政治行銷博士學位，教職已經等在那裡。莫拉克風災摧殘部落，百廢待興，遷村重建了居處，但產業呢？山上栽種的咖啡，要繼續嗎？理解咖啡產業的艱難，也為了發展部落經濟，華偉傑選擇回到原鄉，和族人一起重建家園。

屏東、台東接壤的泰武鄉山區，一百多年前開始種植咖啡；當時日本人帶來「鐵比卡」（Typica）品種試種，但沒有留下種植與加工技術。

在屏東市的卡佛魯岸咖啡館，吾拉魯滋部落青年周高祥，小心翼翼為我手沖「山海的咖啡」。他說，以前山上孩子喜歡摘咖啡果，吃很甜的紅色皮肉，果核就隨便扔掉，「我們都不知道，咖啡的果核才是寶！」

二〇〇三年，雲林縣的古坑咖啡打出名號，吾拉魯滋部落才想到自己的咖啡。但是咖啡產業技術和資金門檻太高，族人並不積極。直到風災以後，才有機會重新建立整個產業。

華偉傑和族人成立泰武咖啡生產合作社，創建吾拉魯滋有機咖啡產業發展館，開發以北大武山之名「卡佛魯岸」為品牌名稱的精品咖啡。如今，吾拉魯滋部落成為泰武咖啡之鄉，景觀咖啡店分布山林間，還有多個小農咖啡品牌。華偉傑說，族人期待「泰武咖啡」可以像「藍山咖啡」，成為世界知名的咖啡產區。

卡佛魯岸從包裝設計到產品故事，都有著濃厚部落情懷。在卡佛魯岸咖啡館，可以點經過蜜處理的「泰武甜蜜蜜」、果香濃郁的「泰武的太陽」，或加入海鹽提味的「山海的咖啡」。最特別的是「國宴咖啡」，那是專為二〇一二年總統府國宴調製的口味。參與國宴的使節，不論來自咖啡生產國，或長久飲用咖啡的歐美地區，對當天的咖啡一致好評。收到賓客指名購買的要求，卡佛魯岸才有了「國宴咖啡」這款經典產品。

卡佛魯岸，台灣百岳最南峰，高峻昂揚，是排灣、泰雅、魯凱三族的聖山。華偉傑說，以卡佛魯岸做為品牌，是族人保證泰武咖啡最高品質的承諾。我肅然起敬，以聖山為名，需要多麼雄偉的誓言和堅毅的決心，才能謙卑又驕傲地，守護千年傳承的神聖與崇高。

KA-VULUNGAN
COFFEE
SEA SALT
山海的咖啡

6
市場的情味

第一次在Icifa用餐，驚喜不斷。食物帶著情緒如同爬山一般地向上推升，最後高峰來到甜點「馬告巧克力」。太魯閣深山的野生馬告，香氣飽滿，和苦味巧克力精彩融合，味韻綿長。大小如鵪鶉蛋的一顆巧克力，將用餐的滿足完全昇華。

台東市更生路上的Icifa餐廳，低調到路過會錯過。主廚鄭吉棠解釋，「icifa」意指「市場」，來自日語「ichiba」（市場）、傳入阿美語再轉化之後的發音。

「icifa」這個字，藏著文化挪移的乾坤。鄭吉棠的料理，同樣經過轉化與融合：本土食材，法式調理，最終上桌都是獨特的新創口味。

面前菜單，印著今日「開胃菜」食材：老酒酒糟／鳳梨／花枝（肝）／油芒／鹹豬肉／刺蔥醋／野生茭葉／萵苣筍。接著幾行是「前菜」：芭蕉旗魚／陳年烏梅／烏魚子／仿土雞／康樂小米／檸檬／香菇／剝皮魚／白花菜／珠蔥／鹿角海菜。這頓晚餐，上場三十多種食材，主要來自市場，還有主廚發揮採獵精神，上山下海找尋的珍味。

鄭吉棠曾在多間飯店學習法式料理，工作地點繞了台灣一圈，最後跟隨留法主廚楊柏偉創辦 Sinasera 24。台東縣長濱鄉間的 Sinasera 24，憑著楊柏偉對本地食材的堅持、口味的創新，如今成為傳奇法式餐廳，一位難求。

離開 Sinasera 24 創業，鄭吉棠找到目前這爿小店，自己動手布置。Icifa 在二〇一九年底開張以來，只有他和一位助手，每晚最多接待十二位客人。

「有人想投資擴大餐廳，但我不想要。」鄭吉棠喜歡現在的自由狀態，可以花很多時間逛市場，和賣菜小農、阿婆聊天。但小餐廳限制也多，例如：看到很好的魚但形體大、價錢高，買或不買？常陷入掙扎。他珍惜食材，每日供餐數量有限，要做到充分運用全部食材，必須花費更多心思。一人負責所有料理，每天從買菜、做菜到餐後沖咖啡，休假日還要備料或製作甜點，工作時間很長。

無菜單料理看似主廚的自由展現，但市場賣什麼材料，才是上菜的關鍵。台東農產多元，但缺乏年輕人參與，年邁的小農、菜販不斷退休，市場食材愈來愈單調，而且產量不穩定，這些現實的變化，都讓鄭吉棠覺得感傷。

調理食材如同美人上妝，必須秀外慧中、美上加美。Icifa 料理原則很簡單，「一加一要大於二」，透過烹調和各種搭配，讓食材風味更突出。另外是「吃得健康，認識風土」，鄭吉棠很珍惜為客人料理一餐的緣分，希望客人吃得開心，透過食物認識台灣。

任何地方的菜市場，都是常民社會與自然生態的交會，生活情味和料理風味的源頭。Icifa 做為市場的延伸，完成了從自然到餐桌的食材旅程，讓來自市場的天地造化之物，轉換為體驗風土人情的佳餚美味。

7 ⋯⋯⋯ 金弘的花生芝麻城堡

群坐聊天的朋友，從口袋摸出一片金弘黑芝麻糖，一般方豆干大小，撕開包裝；我坐在一旁，立刻聞到淡淡芝麻香氣。我很愛芝麻，但這樣與芝麻「隔空相遇」，倒是特殊經驗。我到店裡，買了金弘麻油花生行的麻油、芝麻醬、花生醬，又約了第三代經營者黃筑憶參觀工廠。

歷史感厚重的廠房裡，核心是一座磚造窯爐；烤芝麻、花生的金屬桶，在柴火燃燒的烈焰上滾動，熱氣逼人。筑憶指著躍動的柴火說：「是不是很像《霍爾的移動城堡》，故事裡的火魔卡西法？」我點點頭。這座工廠，的確令我想到宮崎駿筆下，巫師霍爾的那座神奇城堡。

筑憶掌理店務，從選料進貨到生產銷售全部包辦。我坐在店裡，只見客人不斷、電話不停；她說，櫥櫃裡的散裝產品，差不多一天都會賣完。客人購買芝麻醬、花生醬，現場裝瓶封口；也有客人帶著瓶罐來裝炒花生。

看來金弘生意好，應該很賺？筑憶大笑說：「我的專長是貸款！還負債兩、三千萬元！」

筑憶的祖父十二歲在北港學藝做油，後來出師當師傅，各家油行搶著請他。得到媽祖指示前往潮州創業，祖父帶著妻小南下，剛開始用簡單工具炒花生和榨油販售，後來借錢建工廠，才有了金弘麻油花生行。

金弘曾經非常賺錢，後來阿公沉迷台灣的民間金錢遊戲，廠房抵押、負債累累、兒女四散，只有筑憶的媽媽留下打理工廠。為了周轉現金，媽媽不斷借新債還舊債，最後債務都轉到筑憶媽媽名下。

「小時候黑道上門討錢，潑油漆、撒冥紙，什麼招式都見過。」筑憶說，媽媽擔心債主嚇到小孩，每天接送兒女上學、放學，直到孩子上高中。晚上和假日休息，媽媽陪孩子看電視、看電影、聊天吃零食。筑憶說，雖然家境清貧，滿身都是被同學嘲笑的麻油雞氣味，但在媽媽照顧下，依舊感受到生活很美好。

離家北上念大學，無意間看到一部食品安全紀錄片，徹底震撼了筑憶。從小在工廠長大，她知道紀錄片中的食安隱患，只是冰山的一角。她輟學回家幫媽媽經營工廠，立志生產安全食品，教導消費者如何正確選擇。

扛起家業十多年了。筑憶走進田裡認識農夫、參與農作，保價收購優質台灣芝麻和花生；連結理念相同的店家，舉辦食品安全教育活動。她聘請設計師，用插畫美化包裝金弘的產品和門市；貸款更換老舊設備，提升傳統柴烤和冷榨製程的生產品質。

筑憶說，以前不會算成本，照著市場經驗價格賣，一直虧錢。會計師計算成本、訂了較高的新價格，造成許多老顧客流失。幸好換來一批穩定的新客戶，支持金弘的理念和價格，令她很欣慰。

身後金弘的玻璃門闔上，我走到店前馬路，回頭看見筑憶在招呼客人，又想起《霍爾的移動城堡》。故事主角、帽子店的長女蘇菲，承擔家業、照顧身邊每一個人，幫助受困的靈魂解除魔咒。筑憶也是一樣，金弘是她的城堡，用堅毅和愛心讓花生芝麻成為魔法，照料每位顧客的口味和健康。

8 巧克力的旅程：從全球化到台灣化

在鹿野參觀可可園，颱風掃過的痕跡還在。回到剛完工的嶄新建築，工作室在二樓，四面全是玻璃窗，無障礙環顧高台風景，山景穿透。什麼產品將在這工作室誕生？「台灣巧克力！」帶著靦覥笑容，王廷浩說。

廷浩的店「方克一巧克力」（Funky chocolate），開在以熱氣球和紅烏龍聞名的鹿野鄉間。廷浩原本在台北做巧克力，幾年前先來到鹿野從事秀明農業的父親，為兒子種了三百棵無毒可可。於是，帶著台灣巧克力夢想，與創業夥伴黃若珺、目前的王太太，移居縱谷尾端，建立Funky的巧克力城堡。

新完成的建築是住家，也是工作室和店面。目前空無一物的室內，順著廷浩手指比畫方向，將會是一區視野開闊的客席，田園景觀圍繞，遠處是濃綠山色和延伸的河谷。想像未來客人閒坐此間，和風徐徐，品嘗手做巧克力，喝廷浩父親烘焙手沖的莊園咖啡，何等愜意！

電影《巧克力冒險工廠》讓廷浩愛上巧克力。讀台大農業化學系，恰好跟著教授蘇南維研究可可種植與發酵，感性與理性在實驗室結合，廷浩開始學做巧克力。為了鑽研技術，他專程到比利時學習，大開眼界之餘，寫下「巧克力＝藝術＋文化」的產業公式，做為自己人生的追求目標。

吃巧克力是文化，做巧克力是藝術，每道程序都講究。例如外形如同松露的巧克力球，先調製內餡定形，再用內餡輕沾一層巧克力，匀搓成薄脆外殼。放入口中，外殼裂碎融入內餡，流露飽滿的可可香味。要有好味道，必須花時間，Funky 店裡的純台灣巧克力，製作程序長達二十一天！

廷浩在比利時，見識師傅用不同食材搭配巧克力，羊乳酪、胡椒、辣椒等，千變萬化。他說，有些組合乍聽之下無法想像，例如洋蔥加巧克力，味道卻很絕妙！自己開店以後，廷浩嘗試創造自己的巧克力口味。掌握本地可可偏酸的口味特性，結合台東食材如鳳梨、洛神、釋迦、朝天椒、紅烏龍等，調配出在地風味巧克力。

透過廷浩和若珺的解說，我品嘗店裡各種巧克力，逐漸甦醒的味覺，經歷了層次豐富的探險。原來，巧克力是用口味和口感演出的魔術師！

自家可可長成之前，廷浩使用進口可可，以及屏東農家契作，未來將全部使用台灣可可。他說，推廣台灣巧克力，最終希望支持農民將檳榔田轉種無毒可可，為土地保育盡力，也增加農民收益。

可可在十六世紀從南美洲引進歐洲，而後風行世界。在台灣，巧克力曾是舶來奢侈品，直到「七七乳加巧克力」上市，才逐漸大眾化。隨著台灣市場消費力提升，瑞士蓮、金莎、M&M、GOVIDA 等品牌攻城掠地，站穩台灣市場；近年出現許多精品巧克力品牌或專櫃，加上台灣師傅在國際大賽頻頻獲獎，推動巧克力市場發展。屏東種植可可樹成功，「From bean to bar」（從種植到銷售）的純台灣巧克力已經實現。

這是許多巧克力師傅和農民共同努力的成果，讓可可果從南美出發，經過五百年的全球漂泊，得以在二十一世紀歸宿於台灣，開創味覺美學的新頁。

9 非籠飼雞蛋的幸福口感

改編自漫畫《將太的壽司》的影集有一段，描述壽司師傅關口將太小心呵護一條竹筴魚，從漁港到下刀前都不讓它受驚嚇，以維持最好的肉質。成為食物是這條魚的犧牲，將太讓它得到最好的表現。

在家樂福看到「非籠飼雞蛋」專區的蛋品，聯想起將太的竹筴魚。如果讓魚感到幸福是好吃的條件，那麼，幸福的雞，才會有好吃的蛋？

認識「非籠飼雞蛋」，源自動物福利團體推動的連署活動，要求政府比照歐盟禁止籠飼蛋雞。原來，台灣九成以上的蛋場，用傳統格子籠飼養母雞。「解放蛋雞」的網頁照片裡，幾隻雞塞進一格小鐵籠，身體扭曲、羽毛凋零，不忍卒睹。

在家樂福舉辦的市集，遇到茂林畜牧場主人林智傑，用現場煮的茶葉蛋推廣自家非籠飼雞蛋。接過燙手但香味濃郁的茶葉蛋，聊著雞的社群習性和動物行為，智傑眼裡充滿光彩，不時模仿雞的鳴叫和動作。我相信，這是位愛雞的飼養人。

林智傑移民澳洲多年後，因為父母年邁，和妹妹回台灣

（照片提供：茂林畜牧場／林智傑）

接手肉雞事業。但是妹妹喜愛動物，不能忍受幾千隻肉雞飼養一個多月就要送宰，於是改養蛋雞。

位在苗栗造橋鄉的茂林畜牧場，獨立位於丘陵台地，是台灣少見的大型全室內平面飼養場。五萬多隻雞，住在五棟如同科技廠房的白色建築內，燈光、溫溼度、環境衛生被精準控制。室內沒有格子籠，雞隻聽著音樂自由活動，可以飛上棲架睡覺，或在地板上磨蹭砂浴。

跑來跑去的雞，怎麼生蛋？原來養雞場設有「產房」，母雞會走進產房下蛋。「雞這麼聰明？」我好奇地問。智傑說，這要經過訓練，但是雞有學習能力。小母雞必須一隻一隻抱進產房，讓牠熟識生蛋環境，逐漸養成習慣。「雞群會互相學習，先教好一百隻，其他一千隻就會跟著做！」他說。

茂林畜牧場得到「友善蛋雞聯盟」認證，做到動物福祉要求的條件：讓雞保有自然行為，免於飢渴、病痛、恐懼等。要得到好品質的雞蛋，飼料很重要；林智傑請專屬飼料廠，依據生長情況調配全植物飼料。由於環境條件控制精確，飼料不加抗生素，雞場也不用「芬普尼」等環境藥物，雞隻健康，蛋也健康。

每天和雞一起生活，林智傑聽雞叫聲就知道牠們情緒好壞。每天晚上都要巡查雞房，聽到嘀嘀咕咕一切如常，才能安心睡覺。「雞要快樂，我才快樂！」他說。

農委會統計，台灣約有四千萬隻蛋雞，非籠飼養的幸福母雞，只是其中極少數。我剝開已經不燙手的茶葉蛋，明顯較硬的外殼和蛋白貼得很緊密；一口咬下，蛋黃格外結實。接連吃下兩顆蛋，我默默記住了它的口感，心中感到一股溫暖。這蛋何其不易，來自不受驚嚇的幸福母雞！

10 情意是文字的重量

展覽中看到「物外設計 YSTUDIO」的鋼筆，以「文字的重量」做為主題，立刻被吸引。是什麼樣的設計心念，在筆和文字的功能關係之中，摻入了人情世故的想像？

回想到曾經參加的某個課程，依老師指示，將自己珍惜的人的名字寫在一張白紙上。這不難，很快就寫了一串名單；但接下來，老師要我們把這張紙扔到地上。

我竟然辦不到。拿著這張紙，看著紙上的人名，腦海翻騰。這只是一些文字，但我就是不能把這張紙扔到地上。

第一次領悟，文字只是符號，但文字所承載的，又豈只是字面意義。

YSTUDIO 設計師之一的楊格說，用筆書寫已經傳承千年，竟然就在我們眼前，從日常生活中淡出。但是，手寫文字傳遞的訊息，包含著電腦和手機文字都無法企及的情緒和溫度。

楊格平常和家人在手機上發文聯絡。有一回，他手寫一張卡片問候父親，回家發現，卡片被端正貼在冰箱上。「每天接觸那麼多文字，但只有手寫文字，會讓我們格外珍惜。」他說。

另一位設計師廖宜賢，曾經陷入人生低潮，覺得自己一無是處。這時，收到太太的信，一字一句寫出他的五十項優點。「看到信很感動，我這麼好嗎？」除了內容激勵他振作，看著紙上的一筆一畫，他直接感受到太太書寫時的用情與用心。

物外設計選用黃銅為材，加工製作鋼筆、鋼珠筆和鉛筆。黃銅隨著使用而氧化，筆桿染上時間痕跡，成為個人的專屬文具。想歸零重來，可以用細砂紙處理，時間痕跡一抹而去，好像人生進入全新階段。楊格和廖宜賢的設計，讓每一枝銅筆，在開始被使用的時刻，走上自己的生命之旅。

使用黃銅鋼筆也是獨特經驗。它比我平常使用的鋼筆重，正六角外型，握在手中的感覺很穩定。來自黃銅的重量，因為筆尖的滑順，反而產生輕盈手感；黃銅的高導熱特性，為握筆指腹帶來冷涼，讓我在紙上畫寫著橫豎弧直，好像操作一把鋒利手術刀。

寫的是字，表的是意；原來，重筆輕寫，一如文短情深。筆畫可以輕靈飄舞，但字裡行間山高水深，性命承諾也能明白交待。

近年重新燃起鋼筆熱，專賣店吸引文青朝聖，書法課程引領風潮。鋼筆只是書寫工具之一，卻在文字使用的暗黑時代，點亮傳統價值。鋼筆帶回手寫文字，以及在筆畫間表達自我的渴望。

流行於市場的量產工業品，反而帶動手工製造的復興；文字也是一樣。消費者願意付出更高代價，買一枝好鋼筆，為著在筆畫中傳遞手感溫度。正襟危坐地手寫文字，是慎重與尊重的表態；情意的重量，就是文字的重量。

11 修行媽媽的入味手藝

「我們的味覺，已經習慣了化學添加物，但身體並沒有。」張如君說，用好材料製作滷味，是媽媽照顧家人的用心；同樣用心製作的滷味，顧客也都能感受到。

網路群組團購滷味。朋友分享說，這家店的滷味，不但大人都覺得好吃，連挑食的孩子也愛吃，而且還是素食。上網找到「入味—Lo mei」臉書頁，簡單寫著「媽媽滷給孩子吃的用心」幾個字，喚起我的滷味記憶。

始終對滷味很有情感。小時候，在冷冷的冬天，媽媽從市場提回來豆干、素雞、鴨翅、雞胗、豬耳、牛肚、海帶、牛腱等，在燈下仔細清洗，再用大鍋慢滷。那香味，是家裡最早的年味；小孩子難忍誘惑，經常直接打開鍋蓋，從滷汁裡撈出豆干偷吃。

在那年代，滷味就是山珍海味，各種滷菜切成一大盤上桌，是過年才有的盛宴。成年後離鄉讀書，宵夜經常是湯麵配滷味，但那些年吃過的滷味，無論如何都沒有記憶。只有媽媽的滷味，如同一張網，包羅著過年的歡樂回憶。

「入味」主人張如君，多年學佛茹素。做為照顧家人健康的家庭主婦，對於食材向來挑剔。先生中風後長期臥床，為了照顧先生，同時兼有收入，自家人吃的素滷味，才開始銷售給朋友。

夫家在迪化街，如君耳濡目染，學得挑選食材的本領。例如海帶，用日本進口「昆布」，每批貨都有生產履歷。滷料用薑，到南投找小農購買友善種植作物。雞蛋也有履歷，確認每顆蛋的來源可靠。最困難竟然是豆干，到處尋找使用非基改黃豆原料的產品，豆干店老闆嗆她：「找不到的！」終於找到一家工廠，但如君的用量太小，不能訂貨。「感恩老闆，別人大量訂貨，就讓我跟著小量訂。」如君說。

滷汁需要的醬油，如君找到南部鄉間工廠，以傳統工法、大缸天然釀造一百八十天的醬油；感佩醬油老闆的堅持，即使價格比市售產品高出一倍，如君還是購用。她說，做給

（照片提供：入味－ LOMEI 滷味）

家人吃的食物，才能分享給朋友。

顧客的正面回饋讓她相信，對產品用心，可以嚐得到。「入味」名稱，也來自顧客建議，因為很入味。如君不放滷包，好食材搭配香草藥材，藉火候工夫展現風味。例如滷蛋，滷第一次，出鍋放涼，冰過之後再滷，循環交替需要兩天才完成。

照料先生之外的時間很分散，如君不能開店，只接受網路預購，在廚房裡小量製作。常常讓客人等候，如君很感恩大家的體諒。

先生病倒前在金融業工作，風趣幽默、人緣極佳，全家和樂幸福。突然的變故，打亂一家人的生活，如君和兒女都堅強面對。她說，先生臥床也很辛苦，這是夫妻共同的修行，只是彼此角色不同。

如君事事感恩的態度，令人動容。我想，將客人當成家人一般照顧，這種堅持，是以廚房為道場的修行。需要「入味」的，又何止滷味？人生不也是需要用心、用時間經營，才能有味？

12 ……… 憩陶：歡言得所憩，咖啡聊共揮

在「憩陶」喝咖啡，把玩「紋泥杯」，灰白相抱的螺旋，有著水墨趣味。主人卜柏誠進來，端著剛出陶鍋的咖啡豆，襯衫溼透，額頭吊著汗珠。

憩陶位置很特別，在苗栗縣頭份工業區，稱做「蘆竹湳」的村裡。柏誠說，偶然來蘆竹湳，很驚訝台灣竟有這樣的聚落，保留五十多棟三合院。但在村裡，抬頭就看見化學工廠，和不斷吐氣的高聳煙囪。

他被眼前景象感動了。能在這裡做些什麼？一個念頭：經營咖啡館，跳出來和眼前景象掛了鉤。於是，「憩陶」在一間三合院開幕，前門正好望向煙囪。

看起來，柏誠是講究原則的酷哥；聊天才知道，他心裡充滿著好奇和探索。學機械工程，在台塑企業任職十年，穩定的工作反而讓他懷疑，這是自己要的人生嗎？他離職去了景德鎮，參與父親的陶瓷材料事業，天天觀賞各種器物，從藝術珍品到日常用品；他和當地師傅交流，與來自歐美的藝術家做朋友，研究如何調配特殊比例材料、挑戰陶瓷燒製限制。

人生該怎麼過？這個問號，一直掛在心中。在景德鎮五年，柏誠回台灣放空自己，各種機會聚集而來。認識有個性的咖啡店老闆，愛上分享交流，學習陶鍋炒咖啡，想在特殊地方開店分享陶瓷和咖啡。最後，這些因緣總合，就是位在蘆竹湳的憩陶。

憩陶最好的座位，在三合院主間的原木長桌，面前的柏誠沖著咖啡，架上各種瓶罐杯盤，是他在景德鎮開發的產品。談到陶瓷的美，他認為，應該從生活中最實用的器物開始講究。隨手用的陶瓷，質感很重要；他的經驗指出，好質感至少有幾個條件，材料、製胚技術，和窯燒溫度。

手上的「泥紋杯」，手工揉合陶土和瓷土製胚，以高溫一三三〇度，燒出透光的細緻質感。陶、瓷兩種土質天差地別，景德鎮沒有這樣混用的傳統，柏誠請師傅多次試驗，才終於成功。看似單純的小杯，表面光潤，每只色澤不同；內面的厚薄變化，卻是成功燒製的關鍵。

用陶鍋炒咖啡是另一項堅持。為了克服陶鍋缺點，他開發了承受高溫差的鍋體，能夠預熱到高溫，直接下冷豆烘炒，再調節火力控溫。比起自動機械烘豆，陶鍋很原始，每一鍋都是挑戰，反而讓柏誠樂此不疲。

我從憩陶後門出去，穿過窄弄，好像還聞到咖啡香氣。想起李白詩句：「歡言得所憩，美酒聊共揮。」美酒換成咖啡，就是在憩陶的感受了。端著紋泥杯，從咖啡、陶瓷聊到人生，分享是學習，更是日常的休息。

13……由捨而得：安心豐收的蜜棗

跟隨潘志民進入種植大棚，棗樹排列整齊，像士兵等待校閱。樹間距離開闊，枝椏伸展完全不顯得擁擠。地上點點陽光灑落，綠草茵茵像鋪開的長毛地毯。和潘志民一起蹲下身，仰視樹上纍纍的結實，竟然有著面對神蹟的感動。

台灣的蜜棗愛好者，擁有世界冠軍的福氣。綠棗原生在印度，並不好吃；如今大家喜愛的品種，不論牛奶蜜棗、雪蜜、珍蜜等，原產地都是台灣，這是台灣的農技專家和辛勤農友，對水果世界的卓越貢獻。

每到農曆新年前的雪蜜採收結束，換場給珍蜜新鮮上市。其實，珍蜜品種現身市場，不過近幾年的事。潘志民收成的珍蜜，果實渾圓飽滿，翠綠皮色帶著淺淡金黃，皮薄、肉脆、汁多、味甜，毫無酸澀，口感可比雪梨。

二〇一五年得到「十大神農獎」的潘志民，原本無心於農業；先是從軍，退伍後和太太在高雄賣自助餐，相當成功。直到為了照顧年邁長輩，才放棄賺錢的餐廳，中年轉業回鄉種棗。父親種了三十年蜜棗，但潘志民沒有繼承父親的傳統經驗，一切從頭開始。

在水果領域，蜜棗種植還有許多未知祕密。潘志民用科學態度，計算著果樹成長與環境變化的各種關聯。春天剪枝，留下枝椏不能太密也不能太疏，需要葉片光合作用，又不能消耗過多養分。著果之後一般要打掉三成，但

潘志民只留下不到三成，讓少量的果實得到更飽滿的養分。有機肥料也有獨家配方，他調節著不同元素的比例，尋找養分與風味的祕密。

盡了人事還得聽天命，果樹生成受環境影響，採收前不知道今年將生出什麼風味。潘志民棄商從農，從此對「天機」更有體認，每棵樹都是自然生態的一部分，再精密的人為算計，也不會有絕對的答案。他說，農業是科學，更是藝術；農業的「天機」只有一條公式：不愧天地！

潘志成的用心得到可觀回報。他的品牌「寶島南方棗」，極品等級每顆重量超過五兩，十二顆售價將近兩千元。要讓消費者吃到成熟的新鮮風味，採摘後在最短時間內分類包裝，冷藏直送給等待的客戶。「寶島南方棗」包裝也特別，精品級「本棗經」、「棗葉集」禮盒，設計得像本大書；「棗饗趣」、「棗映會」在包裝上印了文字提醒消費者：品嘗新鮮蜜棗，是體驗自然輪轉的年度盛會！

潘志民說，以前開餐廳賺很多，如今做農夫更有成就感；棗樹是他的事業夥伴，年年伴著棗樹結果，心情很踏實。他說，做農和做人一樣，能捨才能有得，凡事不僥倖，先求盡心付出，才能期許回報；唯有「安心」，才是真正的豐收！

14

小番茄：青枝結紅金

到超市買小番茄。走近生鮮區，頓時傻了，這麼多種？聖運、橙蜜香、聖女、玉女，以及彩色番茄；隔鄰蔬菜區，還有壯碩的牛番茄。整個生鮮區，看來番茄最熱鬧，來了一個大家族。

到嘉義縣太保市，跟著番茄農人謝俊宏走進塑膠布溫室，排排站立的種植番茄，軟細枝葉順著繩網向上爬，如同成人一般高。產季到了，番茄結果像串串的小燈泡，由綠到紅有各種漸層顏色。待採的紅果飽滿鮮亮，襯在綠葉背景裡，格外奪目。

台灣的小番茄，二十年前還是口感偏酸的廉價水果，到如今的品種多元、甜美多汁，謝俊宏走過整個歷程。大學園藝系畢業後，想留在都市當公務員，但考試失利；回家學當農夫，又遭遇異常氣候，損失慘重。一九九九年，政府補助農友興建設施，謝俊宏大膽投資，率先用溫室種小番茄。這個如今看來很前瞻的決定，當時面對各種反對和嘲笑：番茄才多少錢一斤，你搭溫室種？

塑膠布溫室建成，謝俊宏種植新品種秀女番茄，不斷研習、改良技術。小番茄很爭氣，不但豐收，並且滋味甜美，市場價格跳升二、三倍。他帶著產銷班一起努力，打出「朝日溫室」共有品牌，受到市場歡迎；因為產值大幅成長，很快成為農界楷模，被媒體讚譽為種植「紅金」的「天下第一班」。

穿梭在溫室，就著將暗天光，謝俊宏介紹各品種番茄和栽植技巧；他眼到手到，順勢調整枝葉的伸展姿態。他注視番茄的眼光，流露著慈愛。

「要把番茄當小孩。看著它長大，每天想著它需要什麼。」謝俊宏說，農民心裡有自己的氣象局，隨著晴雨冷暖變化，思慮如何照料這些寶貝。

番茄在日本稱「唐柿」，標榜它來自中國；在大陸稱「西紅柿」，強調來自西方。原產於南美洲的番茄，既是蔬菜，也是水果，尤其台灣真是小番茄聖地，種植技術高、口味甜美、品種繁多。由於番茄產期集中、產量大，加上氣候變化因素，價格經常波動；對農人而言，維持好價格和維持好品質，同樣不容易。

建溫室，種新品種，包括秀女、聖女、玉女番茄，從日本引進彩色番茄，謝俊宏一路領先。除了「朝日溫室」品牌，他還有自家品牌「多美多農場」，擁有眾多主顧，價格相對穩定。他說，人人愛吃的品種，自然生存能力反而較弱，農夫要花更多心思照料。

農業的好收成，需要「天時地利」；謝俊宏認為，「人和」也很重要，他總是樂觀開朗、分享經驗、結交朋友。他說，農業進入容易，但挑戰很高，每年情況都不同。農人工作辛苦、生活單調，但作物得到好收成，吃的人健康快樂，農人也就心滿意足。

15 一年一次的芒果約會

進入四月，天氣轉熱；看到路旁賣的芒果冰，忽然想起枋山鄉的芒果，這時該要套袋了？芒果收成的畫面浮現腦際，火紅果實碩大圓潤，甜酸的滋味，已經在口裡擴散。

芒果是台灣夏季水果的主角之一。由南到北，屏東芒果最早上市。枋山主要種植愛文芒果，採摘前一個月，要為選果套上紙袋。

水果套袋好像新娘遮上頭紗，嬌羞美顏暫且遮擋，等待驚喜的見面時刻。枋山鄉間，從平原到丘陵的果園，每當樹枝上出現無數鼓胖的紙球，預告著夏日慶典即將來臨。

董昱劭是返鄉青農，為自家產品創造「芒果好吃」（MangoHouse）品牌。他善於網路行銷，很早就有了自家品牌Line貼圖。有一回在網上看到有趣的芒果接枝紀錄片，製作單位竟是「芒果好吃電影公司」。聯絡昱劭，難道又有新事業？「用手機拍片，自己剪接啦！」他說。

二〇〇五年，台灣網路電商正要起步。原來在台北銷售電腦的昱劭，回鄉照顧父母和接手芒果園，他預見新的消費趨勢來臨，開設網路商店賣芒果。

「爸爸不相信電腦可以賣芒果。每天問好幾次，賣了多少？我也急啊，坐在電腦前面等訂單，假裝很忙。」回想那時的父子對峙，昱劭哈哈大笑。

那段日子是他的低潮。從大都市回到鄉下，遭遇許多挫折，懷疑自己回鄉的選擇錯了。「每天對自己喊話：我，董昱劭，二十六歲，芒果農夫！」他說，既然回來，就要讓種芒果成為好事業；除了學習種植，打開通路更為重要。

決定開設網路商店賣芒果，還因為一段辛酸記憶。「被芒果養大」的昱劭，小時候看到父母辛苦的收成，被果商批評嫌棄、打壓價格，總是很難過。他了解產銷的中間通路問題，要讓消費者吃到好芒果，唯有建立品牌、直接銷售。

昱劭分析，如同「生產履歷」概念，農友的用心要讓消費者知道，建立互信。消費者直接向農夫預訂，確認產品來源；而農夫耐心等待果實成熟，摘取後宅配送達消費者手中，彼此都能掌握品質和新鮮。

枋山陽光充足、日夜溫差大、落山風強勁，又稱「蘋果樣」的愛文芒果，色澤紅亮飽滿，金黃色的果肉厚實，口感細緻。許多消費者養成預訂習慣，每到春末，枋山農夫就開始收到「搶鮮」的訂單。

昱劭製作果乾也堅持原味。一般製作芒果乾，十斤芒果加一斤糖，烘乾以後得到兩斤成品。昱劭的芒果甜度夠，烘果乾不加糖，十斤最後只有一斤，但吃得到飽滿天然的果香和甜中微酸的口感。為了保持果乾色澤，昱劭獨創真空乾燥法，後來運用到不同水果上，包括紫紅火龍果、翠綠芭樂等，不論柔韌或脆爽，都能吃到原味、看到原色！

悉心栽種，芒果每年都會有收成；只要好吃，識味主顧每年都會再買。對昱劭而言，「芒果好吃」是品牌、也是承諾；用好芒果，相約消費者一年一會！

16 遊子返鄉蜂蜜情

「什麼是好蜂蜜？」我問江健祺。他說，蜜是蜂族的營養來源、族群強盛的關鍵，「只要純蜜，都是好蜜！」

因為每瓶蜂蜜「二六七公克」的特殊設計，令我注意到池上樂蜂場。這什麼密碼？原來，蜜蜂每趟採蜜，平均飛行三公里、帶回〇．〇二公克花蜜。採得二六七

（照片提供：羅正傑）

克花蜜，飛行總距離就是地球周長，大約四萬公里！

我喜歡直接吃純蜜，享受口中流動的香甜，有時帶點酸，或酵素咬舌的刺激。暗自計算著，一匙蜜大約八克，小蜜蜂就要飛繞台灣一周！原來蜂蜜是如此珍貴的勞動成果。手上一小罐蜜，頓時重得像顆鉛球；那重量，來自心中對蜜蜂的感恩。

健祺的父親養蜂四十年，所使用的「金標」品牌早有一批主顧。健祺返鄉追隨父親養蜂，另外新創品牌「池上樂蜂場」，包裝與父親的傳統路線很不一樣，但內容都是純蜜。

健祺從小跟隨父親養蜂，看著蜂群就有氣，又怕又累，又不能跟小朋友去玩。「還在念小學，我就決定，長大要離開家鄉，愈遠愈好！以後絕不養蜂！」健祺在高中時期外出求學，畢業後進入電子業，到大陸管工廠，愈走愈遠。離鄉二十年，蜜蜂和蜂蜜，卻始終是他對家鄉的牽掛。

「不管在哪個城市，只要去商場，一定會去看有什麼蜂蜜產品。」他說，每次看到價格高、品質不好的產品，甚至充斥的假蜜，就覺得自家純蜜應該好好推廣；向父親建議，總得不到回應。幾年前，厭倦在工廠管人，也為了孩子更好的成長環境，健祺決定回家，也接手養蜂。他走入蜂群，用心照顧採蜜的小夥伴，四處擺攤介紹自家純蜜。

健祺的蜜蜂，養在生態清淨的池上山間。花開季節，他帶著蜂箱追尋蜜源，讓蜜蜂有最好的食物。原來，養蜂人的尋蜜生涯，其實和蜜蜂採蜜一樣，只是需要更長距離的移動，和更長時間的等待；年復一年，四季逐花，靠天吃飯。

蜜蜂不再是他要逃離的對象。健祺說：「我可以整天看著蜜蜂進出蜂箱，那非常療癒！」工蜂回巢時，胸部吸滿蜜而鼓脹著，後腳拎著兩團花粉，是一趟採集的成果；透過蜂群合作，累積每一次來回的微少收穫，支持整個族群的繁衍壯大。聽著健祺描述，我想起法國畫家米勒的作品《拾穗》，對於蜜蜂的辛勤勞動，感受到同樣的崇敬。

蜜蜂和蜂群彼此依賴。憑著天賦能力，單蜂離巢飛行幾公里，還能夠回家。人類可以走得更遠，但憑著一顆顧念的心，即使走得再遠，也能找到回家的方向。連結建祺和池上的，其實在於他心頭的家，那是蜂與蜜的家，也是他自己的家。

17 台灣圖案的美麗

疫情爆發前不久，迪化街開了新店「印花作夥」，這是設計品牌「印花樂」在台灣第八號店。網路電商當道，印花樂在同個街區有三家實體店，位置相近，但客群不同，決策背後的信心，來自對消費者的精準了解。

日常生活中常見重複排列構圖，大廈梁柱、鐵橋桁架、寺廟藻井和斗拱系統、牆面砌磚，甚至市場攤面上成堆的蘿蔔、南瓜、玉米或魚蝦。我尤其偏好經由簡單元素重複組成的複雜圖像，不論嚴謹或散漫，有時生氣盎然，有時保守理性，在單元或整體的變化之中，展現萬般個性與風情。

幾年前初識印花樂產品，看到花布書衣和抱枕面上重複排列的台灣八哥和花磚圖案，工整又俏皮，十分喜歡。當下也擔心，這麼文青的商品，全手工印布、車縫的成本想必高昂，印花樂能存活多久？

實在低估印花樂。邱瓊玉、蔡玟卉、沈奕妤三位創辦人，是高中美術班同學，二〇〇八年讀完大學美術系，集資三十五萬元，加上申請到的創業補助，印花樂就開業了。剛開始經營十分辛苦，三位女孩為了拚一個夢想，勇敢地全職投入。十年之後，印花樂年度營業額超過新台幣五千萬元，感情依舊很好的三位創辦人，擴大公司組織與產品種類，準備將更多台灣圖案推向海外市場。

十年成長百倍，公司規模今非昔比，三位創辦人的初衷卻沒有改變：創造經典台灣圖案。最早的八哥和植物、花磚，都來自生活記憶；創業之後，三人結伴旅行找靈感，於是前往台南老街尋幽訪勝，創造了鐵窗花格構圖；到宜蘭看稻田，帶回稻草人圖像；花蓮富里金針花海的驚豔之後，朵朵金針於是躍上了布面。台灣小吃、水果、零食，山高雲低的阿里山日出、潮溼氤氳的美濃鄉野，愈來愈多台灣風土人情被印上花布。

印花樂的環境意識也透過行動實踐。創業開始即推動購物紙袋回收再利用，至今依舊持續。二〇一一年日本福島核災之後，印製大量「反核，不要再有下一個福島」布旗分贈，許多至今依舊張掛在各地獨立書店、咖啡館或社團辦公室裡。二〇一七年舉辦「淨灘藝術節」，號召民眾清理沙灘上的堆積垃圾。

另一個持續的行動是教學。疫情爆發前，印花樂已經開發五〇種花色、一一〇種以上產品，卻鼓勵消費者自己設計花布、製作家飾，將美感帶入生活。延續對於教學的熱愛，三名創辦人的未來夢想，是建立印花樂手作花布國際學校，希望達到如同廚藝界法國藍帶學校一般的影響力，讓台灣花布藝術成為全球時尚。

印花樂布面的美麗紋案，來自手工絹印過程不斷重複的專注和毅力。印花樂的創業歷程，每個步驟重複做好，再尋找新的突破，帶來穩健成長的基礎。重複，是印花樂的美感與價值核心，顯現在優雅布作上、創辦人虔誠的心念裡，以及品牌內在精神中。

18 …… 吃有機茶的紅玉雞

一對兄弟養雞，給雞吃好、住好，還怕雞生病。知道茶多酚可以增加免疫力，兄弟不惜成本買來有機紅茶，泡茶餵雞。不領情的雞，當然不喝。

這段看似搞笑戲劇的情節，卻是真實故事。這對兄弟，蔡俊興和呂翰駁，是研究生命科學的學長和學弟，一位博士、一位碩士，專長是研究魚類行為。學成之後，他們立志將動物生態知識轉移到產業，以完全無藥的方式飼養肉雞，用消費力量推動養殖環境改善。正苦於有想法、缺資源，貴人及時出現；有三十多年養雞經驗的陳明尹懷抱同樣理念，於是提供養雞場支持這對兄弟創業，展開無藥養雞的產業化行動。

無藥養雞第一個難題是環境必須寬敞又純淨。陳明尹的農場有這條件，位在日月潭旁的魚池鄉，空間寬闊，足以低密度飼養；周圍山林環境，完全阻隔汙染。接下來，給雞吃什麼飼料？俊興和翰駿堅持非基改黃豆和玉米混合飼料，卻找不到廠商供應；最後直接向國內外農民契作，才掌握了飼料來源。

另一個困難，雞要活得健康，主食之外還要「補品」。從文獻查到日本的研究發現，茶多酚可以提高雞的免疫力和食欲，是很理想的配方。正巧魚池鄉特產紅玉紅茶，得到附近茶場協助，取得有機栽培的「台茶十八號」；既然雞不肯喝紅茶，於是將茶梗、碎葉磨細後混入飼料，結果雞吃得很開心。最令俊興和翰駿欣慰的是，加入紅茶末的飼料配方，不但給雞健康，肉質也變得更好。

一款「舒肥雞胸」產品，是我認識「十八養場」的開始。某天去生機超市購物，巧遇「紅玉雞」舉辦試吃，品嘗後喜歡它清爽軟嫩的口感，於是買了低溫烹調的舒肥雞胸，回家接連吃兩餐，很驚訝雞胸肉能夠如此細緻多汁。很好奇這是什麼新產品？上網查才知道，因為飼料添加「台茶十八號」的有機「紅玉紅茶」，所以有「十八養場」和「紅玉雞」的名稱。

從二〇一六年開始養雞，因為產品價值獨特，十八養場自己經營品牌。經過幾年摸索，不論鮮雞肉、滴雞精或雞肉烹調菜餚，都逐漸打開通路，進入有機食材商店銷售，也開始被餐廳採購。看似天真的無藥養雞理想，逐步落實到市場。

紅玉雞固然好吃，但如此耗工、高成本又產量少的養殖方法，合乎市場邏輯嗎？蔡俊興說，消費者懂得謹慎挑選食物，但忘記「食物的食物」也被我們一起吃入體內。人要吃到好的動物食材，必須先讓這些做為食材的動物，能夠吃得營養、長得健康。他相信，消費者都會接受這樣的觀念。

每次面對紅玉雞肉料理，腦中都會浮現兩位年輕人泡有機茶餵雞的畫面，既搞笑又絕對認真。沒有超乎尋常的浪漫和堅持，怎能找到獨特的岔路，來到前所未見的美麗之境？

19 日日好日曬麵人

「我用一年時間學習曬麵。為何要一年？四季曬法不一樣！」余玫芬解釋，曬麵人必須掌握氣候變化，藉由細節調整，維持製麵的品質一致。這令我想起電影《日日是好日》，作家森下典子自述的茶道經驗。典子好不容易學會整套動作，老師要她忘掉一切、重新再學；因為夏去冬來，茶道配合季節從夏茶換冬茶，沖泡方法也要改變。

日光曬麵看天吃飯，但老天不是天天好臉色。玫芬觀察老天情緒，調整水分比例、拿捏溫度和溼度，一天之中順著日頭移動，掛麵有時曝曬、有時陰乾，還要換面或吹風。以人的智慧量度天意，難免失誤；遇到曬麵失敗，玫芬鼓勵自己：「沒關係，今天失敗，還有明天。」

十五年前，玟芬和丈夫劉銘晏放棄在高雄的汽車材料生意，打算轉行；她和先生的擇業條件，是包括兩個小孩的全家四口要住在一起。聽長輩說，屏東潮州日曬麵店竹輝行，老闆年紀大了要結束；玟芬不忍心傳統口味消失，和先生接下這門手藝，舉家搬到潮州鄉間。

如今，陽光亮麗的日子，十台曬麵車排列在花木扶梳、農作環繞的庭園，麵香瀰漫。但是，玟芬說，剛來時荒煙蔓草，第一年抓到雨傘節、眼鏡蛇超過一百條。人要適應環境，環境也在適應人，現在出沒的蛇都沒有毒，大家和平共處。

「先感動自己，才能感動消費者！」玟芬曬麵十五年，每天聞到麥香還是很開心。她十年前開始在部落格寫日記，後來換成臉書，每天分享農村生活喜悅。玟芬希望顧客知道，竹輝行的麵，都是在這樣的環境和心情下製作完成，再送到客人手上。麵的味道，是認真惜福的生活味道。

製麵日子早上五點半上工和麵，八點半曬麵，過了中午收回，下午包裝。玟芬個頭嬌小，她說，做麵是勞力差事，自己力氣不夠，經常受傷；但是「有一種志氣叫做堅持」，還好夫妻兩人眉來眼去，求救只要一個眼神。除了延續舊店號「竹輝行」，玫芬用「玫來晏趣」做為品牌，除了「眉來眼去」諧音，她解釋說：「有玫芬在，銘晏的生活才有趣！」

「玫來晏趣」製作傳統日曬掛麵和麵線，還有添加台中蕎麥的蕎麥麵；尤其「甜蕎麥麵」做到蕎麥、小麥比例五五：四五，達到麵粉筋性的極限，換得飽滿的蕎麥香氣。玫芬支持屏東可可農，研發獨特的「日曬可可麵」，可可香味和營養完全融入日曬麵的Q彈口感中，並且突破了中式麵條的烹調限制，可可麵搭配各種義大利麵的醬料都很合適。

森下典子在《日日好日》書裡寫著，茶道和四季相連，沖茶方法、器具、搭配食用和菓子、壁上展示字畫，都要隨季節變換，藉由茶道領悟四季流轉和生活美好。製麵同樣隨著季節變換調整方式，玫芬十五年做著相同工作，卻感覺每天都有不同。如何能夠日日都是好日子？接受日常生活裡的好，日日都會有好事。

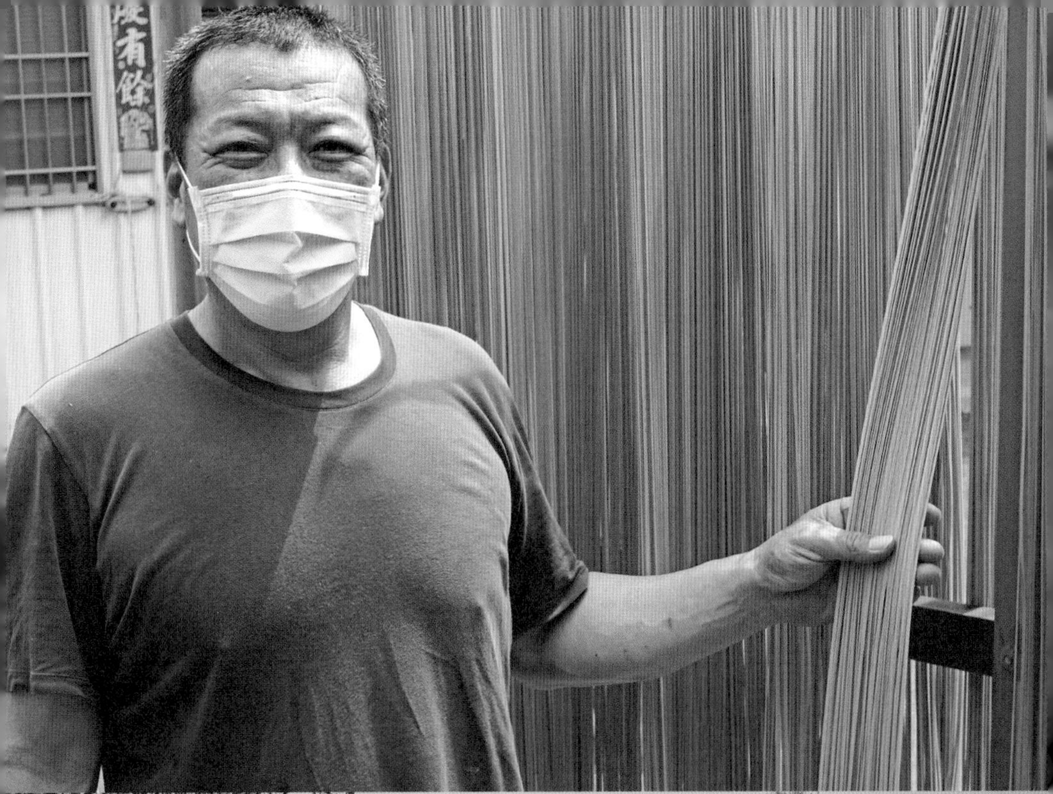
有餘

20……CURA PIZZA：加蚋仔的拿坡里

閒步走在台北東園街，感受老台北生活。這區域舊名「加蚋仔」，曾經百業繁榮、車水馬龍，電影院就有三家。如今蕭條街景中，唯一經常需要排隊的店家，是窯烤披薩CURA PIZZA。

走到CURA PIZZA門前，店主張中豪正低頭製作麵皮。他偶爾抬起頭，隔著玻璃和路人打招呼。

披薩店現址曾經是藥房，創業老闆是張中豪的阿公。藥房利潤豐厚的年代，中豪從小以為自己是貴公子，直到阿公和爸爸相繼去世，才驚覺家產早已散盡。大學畢業後，他做過房屋仲介、保險經紀、藝術經紀。想起小時候在家招待朋友，買來披薩分食的快樂時光，他決定重新開始，做出會讓人快樂的披薩。

二十六歲時轉業，中豪到名店 PIZZERIA OGGI 當「大齡學徒」。他切斷和朋友的聯絡，「把自尊降低到趴在地上的程度」，完全投入學習，直到獨當一面。除了技術，他必須了解披薩的起源和文化，於是用盡存款，飛到義大利拿坡里學習，取得當地商會頒發的披薩認證。

張中豪穿梭在拿坡里的巷弄，感受那些行人慢走的安靜街道、等待客人的傳統店面，尤其陽台晾曬衣服的自在情景，都像極了加蚋仔。他不禁想像，回到東園街開店賣拿坡里披薩，味道一定很對！

中豪租下了家族的老屋創業，再從拿坡里運來瓦斯柴窯，這些行動都令保守的街坊側目。幾年過去，CURA PIZZA 站穩了，中豪更積極投入社區事務；他說，來加蚋仔開店或創業的年輕人一直增加，已經為老街帶來朝氣。

走進 CURA PIZZA，張中豪白扁帽、白 POLO 衫、白長褲，笑容和煦如南義陽光。製做 PIZZA 的空間不大，他在工作檯前滑步移動，揉麵、上料、塑形，舉起長柄披薩鏟轉身送麵皮進窯爐，屈身從爐口向內觀看火候。間隔差不多手作一個披薩的時間，再拿起長鏟探入爐腹，從龍眼木的炭火中帶出披薩，退後、側轉身，表面點點炭焦、冒著熱氣的披薩從鏟面滑上檯面，等候裝盒。

烤披薩的動作周而復始，帶著輕快的節奏，令我想起經典電影《萬花嬉春》中的歌舞場景。中豪樂在工作，這一坪多的空間裡，演出了老式歌舞片的流暢身段。後來得知，如同舞蹈的移步轉身律動，是從小學習桌球的訓練。

店裡占滿一片牆的壁畫，是陽台晾曬衣服的拿坡里巷弄風情。中豪說，巷弄裡親切的生活感，是他最深刻的拿坡里印象。

「瑪格麗特皇后披薩」出爐裝盒，這是傳統的拿坡里口味。我捧起透熱的外帶紙盒，剎時感覺 CURA PIZZA 好像時空轉換機。因為中豪的披薩，台北加蚋仔和拿坡里巷弄，兩個城市的生活角落，跨越時空連結在一起。

ACCADEMIA PIZZAIOLI

美在天地

1 ……… 螢火蟲之春

「星期六帶兒子去看螢火蟲？」太太問我，說還有幾個兒子的同學和家長結伴同行。想像著暗夜裡無數螢光點點的畫面，立刻點頭答應。

看螢火蟲逐漸成為重要祭典，每年春天都要熱鬧一陣子。在台灣要看到螢火蟲不難，有水有草的鄉下地方很常見；但對四十歲以上的成年人而言，童年記憶中的都市夏夜，水溝邊或公園裡，都有螢火蟲的身影。閃爍的小小螢光，標記著時代和環境的純樸。

漫山遍野的螢火蟲，是中年人的懷舊追尋，是小朋友的愉快童話。賞螢成為季節的儀式，許多遊樂場、山郊民宿、生態公園，都參與復育螢火蟲，寄望春末夏初之際，藉由「火金姑」的提燈飛舞，帶來更多遊客。媒體也配合熱潮，報導螢火蟲出沒訊息，引導民眾親近這些嬌小蟲類。

星期六下午從台北出發，一個多小時抵達市郊農家。才剛過中午，農家附近山谷已經人滿為患。

農家位在小型山谷中，溪澗穿流而過。主人非常注重環保，致力維持溪水和環境清潔；除了天然溪澗，園裡也建了人工生態水池。這些維護環境的努力，首先得到螢火蟲青睞，在此大量繁殖，成為台北近郊著名的賞螢地點。人潮不曾為農家主人帶來財富，因為流連山谷不必門票；為了推動環保教育，主人和保育組織合作，假日安排老師講解螢火蟲生態，呼籲民眾保護環境。

負責講解的陳老師說，螢火蟲對環境非常敏感，需要有水有草、沒有光害的地方才能繁殖。螢火蟲從孵化到成蟲需要一年；每年四月底到六月初進入繁殖季，公螢火蟲以尾端光芒向母螢火蟲發出密碼，如果相看兩不厭，即交配產卵。

天色一暗，草叢和水邊出現閃爍的光點，搖搖晃晃、忽高忽低地飛行。隨著天光暗去，螢火蟲數量愈來愈多，觀賞民眾似乎很有默契，在暗林裡藉由些微的光線移動，很少人拿出手電筒，或至少用紅色透明紙罩在燈前，以免嚇壞火金姑。

小孩都很興奮，驚叫聲此起彼落；大人忙著制止小孩傷害螢火蟲，甚至將落在地上的蟲隻移到草叢，以免被人踩踏。

在暗谷中摩肩擦踵，的確是奇特經驗。忙著尋找伴侶的螢火蟲，並沒有被「觀禮」人群驚嚇，依舊以沉著的態度，執行畢生最神聖的使命。

離開山谷，外面嚴重塞車，這才知道山谷裡人多，谷外等著進入的人更多。回想春天出外旅行，標榜螢火蟲復育成功的地方，都有這般熱鬧。賞螢熱潮反映著社會價值轉變；但也和古蹟建築一樣，總在破壞發生之後，才驚覺保存的重要。

以螢火蟲為指標，更多火金姑被復育，代表人心向生態保護轉變的幅度增加。擠在山谷看螢火蟲，我好像參與了一場典範轉移的見證。

2……天地人的共生智慧

颱風將要登陸的中午，抵達花蓮和台東之交，正是颱風預測通過的位置。計畫好的鄉間活動被迫取消，所有準備付諸流水，工作夥伴忙著防颱，心中難免失望。出乎意料，颱風臨時北轉而去，大雨不止，但風力比起預期要小得多。

與合作的農民長輩談到活動取消。我說：「覺得很遺憾，白忙一場。」老農說：「無風無災，下點雨很好啊！你看，再不下雨，田都枯了。」

當頭棒喝。我只想到活動取消的計畫變動，沒顧到禾苗都還在等著下雨解渴。天地不仁，此刻忽有領悟，自然運行的法則沒有偏頗；事與願違，問題在人不在天。

朋友從台北移居台東鄉間，閒暇騎機車到處交朋友。有一回訪問布農族部落，談到不久前的颱風，關心部落受災情況。長老說，颱風過後，大風大雨清洗掉人的氣味，動物重回獵場，打獵收成會更好。風雨疏理了大樹枝葉，陽光得以直照土地，小草恢復生長，昆蟲和小動物得到生養，大動物會跟著出現。風雨破壞房子，但颱風送來木材，翻修了房子，還有剩柴可以生火。原住民在山上生活，只要避開危險，颱風就像慶典，帶來許多好處。

朋友轉述的長老智慧，實在令人嚮往。現代人信仰「人定勝天」，遇山開路、逢水架橋，擁有了繁榮城市、建設了便捷交通，但這些文明成果面對颱風，只能失效停擺，甚至出現樓塌水淹等災害。人類不能忍受颱風破壞文明的秩序，但科學至今沒有方法消滅颱風，只能預報防災。

颱風是大氣運作的產物，它消散海面累積的熱量，為陸地帶來雨水，吹散聚積的汙染。大自然的運作是追求平衡的循環系統。日益頻繁的極端氣候，引來更加劇烈的調節；更多氣候災難，起因還是人為破壞太過嚴重。

日本動畫導演宮崎駿的作品《風之谷》，是一則人與自然共生的寓言。劇情中的大面積腐海森林，充滿毒瘴與巨蟲，是人類無法生存的禁地。但最後，人類發現森林底下是清潔的水源、空氣與土壤。原來腐海如同大自然的清淨機，吸收並清理人類製造的汙染和劇毒。對人類而言，腐海是在救命，而不是害命。

一八五二年，美國開墾者直抵西北，希望買下原住民擁有、位在今日華盛頓州普傑峽灣的約二百萬英畝土地。部落酋長西雅圖寫信給美國總統，表明對土地與自然的情感，以及對土地買賣制度的困惑。西雅圖說，大地不屬於人，而人屬於大地；人作用在大地的一切，都將回報給人。他要求白人尊重土地、善待動物，因為土地生養萬物，而動物是人的兄弟；土地是家，更是情感的寄託。

西雅圖酋長的願望沒有被實踐，但他的預言不斷在應驗。台灣原住民長老有著同樣智慧，那來自人與天地共生的經驗。當人類企圖控制與超越自然，得到的卻是「反撲」；但反撲並不是復仇，而是環境被破壞之後的修復。

人類必須回到與天地共生的相處模式，重新理解人與自然的相生關係。否則科幻電影裡的預言，人類必須集體移民前往其他星球，很可能會在未來發生，迫使我們的子孫在太空中遊蕩。

3 埔里：人與蝴蝶的轉型共生

如果台灣是蝴蝶王國，首都毫無疑問要落在埔里；這裡有密集的蝴蝶種類，也曾經是蝴蝶加工產業聚落。而今，埔里有一群人正在努力，找回記憶中漫天蝶舞的詩情畫意。

二十世紀初，埔里開始向海外出口蝴蝶標本。一九六〇、一九七〇年代，「蝴蝶經濟」達到鼎盛，台灣各地捕抓的蝴蝶都送到埔里，樣貌完整、品種珍奇的蝴蝶製作標本，其他則取下蝶翼製作貼畫。台灣邁向繁榮的初期，數以億計的蝴蝶，用牠們美麗的身形，為台灣換取大筆外匯。

埔里著名的木生昆蟲博物館，是蝴蝶王國的紀念碑。創辦人余清金是捕蝶高手，更是國際知名的昆蟲專家，他收集大量珍稀標本，都典藏在這座博物館。他也是台灣蝴蝶加工產業龍頭，工廠曾經僱工多達兩百人。

隨著台灣高速發展，蝴蝶棲地遭到破壞，翩翩起舞的斑斕彩翼從此藏匿蹤影。埔里全盛時期約有五十家蝴蝶加工廠，如今一家不剩。對蝴蝶的思念卻在埔里蔓延，尤其曾經為了生計肢解蝴蝶的鄉親，格外期待蝴蝶漫天的景觀重現。

九二一地震之後，埔里桃米社區成功藉由生態保育轉型，成為聲名遠播的青蛙村。地震後第十年，居民討論下一步，一致同意找回失去的蝴蝶。這次不為經濟發展，而是為了「與蝶共生」。

「找回蝴蝶的行動，是埔里第二次現代化！」新故鄉文教基金會董事長廖嘉展說，第一次現代化為了經濟，第二次現代化為了生態永續。蝴蝶繁殖的地方，必然生態良好、適合人居，「由蝴蝶帶領埔里成為生態城鎮，落實永續宜居的環境建設！」廖嘉展說。

花若盛開，蝴蝶自來；聚集蝴蝶先要有花。蝴蝶向花集聚，目的是取蜜為食；能夠吸引蝴蝶的是「蜜源植物」。廣植蜜源植物並不夠，還需要先有「食草植物」餵養毛蟲，蝴蝶才有機會繁殖羽化。

再造蝴蝶家園行動，十年前在埔里展開。首先培訓志工執行生態調查，了解蝴蝶出沒與習性。長期記錄發現，台灣擁有四一八種蝴蝶，埔里及鄰近地區登錄到二一四種；陸續發現三十多條蝴蝶出沒頻繁的野徑，未來都可以規畫為賞蝶步道。棲地重建同時進行，雖然經費有限，十年來已經改造將近六十處棲地。例如紙教堂周邊，陸續種植一百多種蜜源植物和食草植物，如今每逢盛夏，都可以看到眾多紫斑蝶、烏鴉鳳蝶等群聚飛舞，甚至出現保育類蝴蝶如黃裳鳳蝶等。

讓蝴蝶消失很容易，只需要一台怪手剷平棲地，或很少量的農藥。讓蝴蝶回來很難，需要完整的生態重建，以及民眾維護環境的共同行動。埔里民眾自發組成的「蝴蝶交響樂團」，悠揚樂音經常繚繞鄉間，好像召喚著更多彩蝶來與音符共舞，同時也提醒著民眾，共同努力，迎接與蝴蝶共生的美好願景。

（照片提供：新故鄉文教基金會）

4 有機農業來自生態情懷

「有機農業」逐漸得到認同，消費者願意付出更高價格購買產品；對農夫而言，有機種植未必是好生意。小農型態的有機種植能夠堅持不懈，來自經營者愛護自然環境的情懷，而不是農作銷售的報酬。

花蓮富里鄉的農民張國義，第一次見面就印象深刻。身材壯碩，皮膚黝黑，聲音宏亮；他幾乎整年不穿鞋，只有天候惡劣或腳受傷才套上雨鞋。問他，田裡沒有蛇嗎？赤腳下田不危險？他笑著說：「有機田，食物多，蛇更多啊！蛇也怕人，先把牠嚇走就行。」

張國義和夫人翁小紅完全不同典型。夫人總是打扮整齊，一襲洋裝，拎著皮包，聲如銀鈴似地接待來客。夫妻經營體驗地瓜農園，除了種植還要解說、帶領體驗活動如挖地瓜、烤地瓜，回家還要加工製作地瓜圓。

十多年前，張國義對有機農業完全陌生，因為聽農會說有機種植友善生態，他立刻響應參與。最初種有機稻米，然後改種地瓜。張國義很有研究精神，四處找來不同的種苗試驗，田裡曾經同時有十多種地瓜。翁小紅依著地瓜口味和長相，各自起了「別名」：栗子地瓜、牛奶地瓜、白皮白肉、白皮紫心等，讓客人容易分辨。

參加體驗活動，先隨著張國義在山谷邊的田裡走一圈；如果地瓜生長季節剛好，可以動手拔地瓜。回到田邊工棚，蒸熟的地瓜已經等在桌上，即使平常不吃地瓜的小朋友，看到一顆顆長相飽滿、剖開露出不同顏色和香氣的地瓜，也禁不住在翁小紅的推薦下，一種換一種地吃個不停。

張國義說，原本以為地瓜比稻米好種，偏偏出現雞母蟲之患。這種鍬形蟲的幼蟲，通常以土中腐質為食；但在他的田裡，小蟲孵化後直接鑽進地瓜，隨地瓜長大。張國義隨手抓起一顆碩大地瓜，用力折斷，見到裡面布著龍眼大小的圓洞，一個洞裡一隻肥壯的雞母蟲。連續幾年了，整片田的收成都不能賣，損失很大。

被雞母蟲打敗，只好減少地瓜種植面積，改種有機紅藜、當歸、洛神。不料遇到颱風，吹倒全部農作，一切歸零。

山豬也喜歡有機地瓜。田地周圍山裡藏著許多山豬，餓了就下來用餐；吃飽還在田裡翻滾，破壞的地瓜比吃掉的更多。夫妻倆用很多方法阻止山豬，設圍籬擋、放鞭炮嚇、擺獸夾捉，都不見效。

「有一隻大山豬，只有三條腿，特別聰明，跑得又快。牠會先下來探勘，感覺安全了，再回頭召來一群小山豬。」張國義講得活靈活現。

「又有蟲，又有山豬，地瓜沒剩多少怎麼辦？」我問他。「做有機是我的選擇。蟲、山豬都是自然的一部分。牠們吃剩的，才是我的。」他一派輕鬆地回答，太太在一旁回應：「是哦，明年下種的錢在哪裡都還不知道咧。」

在富里遇到好幾位有機農人，面對來田裡分享農作的猴子、松鼠，都有類似態度：「剩下的，才是我的。」做為最早推廣有機農業的地區，農民重視的不是標章認證，而是尊重自然的堅持。

對小農而言，有機農業成本高、產量少，冒著更大的風險，只為了復育大地原本的生態條件。有機農業既不浪漫，也很難是好生意，一路走來的堅持，只為了愛護環境、照顧自己和家人的健康。消費者向農夫購買有機產品，不只因為無毒、健康、口味好，也是對農民守護土地的情懷，最直接的溫馨支持。

5……大鋤花間：自然的選民

「水土不服，是土地給人的鍛鍊。先鍛鍊身體，再磨練生存能力；兩樣都通過，就可以住在這裡。」郭太太談笑風生，臉上神采來自穿透樹蔭落下的陽光，以及發自內在的開朗。她背後的「大鋤花間」木屋，是先生郭雅聰自己搭建的山居。

位在台南市東山區的「大鋤花間」，在台灣咖啡領域頗有名氣。這個故事，要從郭雅聰說起。一九九二年，他還在出版社工作，卻預見出版產業衰退，決定趁早轉行。他辭去工作，卻沒有另謀高就，而是一個人住到山上，過著沒有水電的耕讀生活。

女主角施玲蘭陪朋友上山旅行，因而認識了郭雅聰；最後結婚成了郭太太，夫妻分隔兩地居住。施玲蘭習慣穩定的工作和便利的都市生活，當了媽媽，帶著孩子，更不願意冒險遁居山林；思念妻子的郭雅聰寫了一份企畫書給太太，說明山居歲月的謀生計畫：初期賣筍，中期種木瓜，長期收入靠種梅。

一家人終於在山上團聚。真實生活並非紙上談兵，大自然的考驗出其不意。第二年木瓜豐收卻賣不出去，做成果醬送人還沒人要。很快，積蓄用完了，施玲蘭賣花、賣青草茶，郭雅聰學做木工、賣木雕；夫妻兩人也養豬貼補收入，每星期殺一頭；但開賣前都會有人排隊，總是一小時完售。

郭雅聰經常招待路過客喝茶，逐漸付不出買茶的錢。想起一位尼姑做的龍眼花茶，如法炮製，收集龍眼樹下的落花加冰糖焙炒；飲用前以熱水沖泡，花香四溢，口感帶著蜂蜜的甜潤。改用龍眼花茶待客，喝到的訪客總是希望購買帶走，這才讓夫妻倆發現，原來龍眼花茶可以當成商品。

龍眼花受到季節限制，什麼花草材料四季都有？施玲蘭想到咸豐草。她以冰糖焙炒龍眼花的方法，製作獨特的咸豐草茶。同時，郭雅聰重新栽培日本人早年留在山上的咖啡樹，摸索著咖啡豆烘焙訣竅。隨著雲林古坑咖啡走紅，郭雅聰的有機咖啡帶動台南「一七五咖啡公路」興起，成為聲名遠播的咖啡祕境。

種植咖啡更意外招來女婿。幾年前，成功大學機械工程系的博士生林俊吉，和同校念台語文研究所的郭馨蔚成為情侶，因而認識了女友的父親郭雅聰。沒想到，咖啡比機械更令俊吉著迷，他放棄學業，上山學習種咖啡。

從工程師轉行做農夫，心裡有過掙扎嗎？我好奇地問俊吉。「找到人生的目標很快樂，我總是帶著歡笑在工作。」他瀟灑地說，雖然從小夢想當工程師，但如今推廣台灣咖啡的美好，才是他的人生志向。

「大鋤花間」的詩意，來自這家人從都市走入山林，棲居於自然的選擇。與自然共生必須接受磨練，身體和心靈都適應了，才會得到自然的餽贈；取之不盡、用之不竭的山林資源，那是資本主義無法解釋的慷慨與博愛。原來，並非人選擇自然，而是自然選擇合適的人，以生活做為演示，向繁華世界傳遞自然的奧祕。

龍眼花茶

新營
客運
大鋤花間

6 和松鼠搶收的咖啡

那天下午，和蕭淵水來到咖啡園入口。關上車門的震動，引起樹叢裡一陣窸窸窣窣，接著竄出數十隻棕灰毛球，向著四周樹林飛躍。「是松鼠啊！要趕快採收了！」他說。

這片被山林環抱的坡地，位在花蓮縣卓溪鄉，緊鄰著台東縣界。從卓富公路往南，過學田村轉進產業道路，沿秀姑巒溪上游岸邊前進，相當隱密。這裡藏著四千多株咖啡樹，年產四千磅有機認證咖啡！

蕭淵水是花蓮縣第一位有機咖啡種植戶。他父親家境優渥，在富里鄉有個響亮別號「員外」；這位員外生活無虞，熱衷農業，五十多年前開墾了這片山坡。蕭淵水回憶，當時一片荒蕪，雜木林立，進出沒有路徑；他下課和放假都必須來幫忙割草砍樹，徒手將石頭一顆顆地掘出搬開。後來，這片坡地種過橘子、檳榔，也曾經造林。

二〇〇四年，蕭淵水種植咖啡。他先種了一千株咖啡樹苗在平地稻田，剩下一百株，被父親種在山坡地的林木間。蕭淵水說，當時不懂，種稻的土地不利咖啡生長，等了三年樹苗依舊羸弱；反而父親種的一百株，健康茂盛、結實纍纍。摸熟了咖啡樹的生長條件，決定擴大規模，陸續在山坡地加種了四千多株。

二〇〇七年，蕭淵水決定轉作有機咖啡。他父親每天澆水除草，悉心照料每棵小樹，但對於有機農法半信半疑。有一次看到樹上有蟲，拿出家用殺蚊水噴灑，心想，用這一點應該沒關係？結果當年送驗有機，竟然沒有通過。父親這才鐵了心，和蕭淵水一起維護咖啡園的有機環境。二〇一〇年開始每年取得有機認證，成為珍貴的有機咖啡。

蕭淵水說，轉型有機種植以後，咖啡產量變少了；採收加工後，平均一棵樹年收成不到一磅，但消失不見的動物和昆蟲都回來了，果子狸、松鼠、蝴蝶、蜻蜓等，生態愈來愈豐富，甚至還會看到「國鳥」台灣藍鵲！

轉種有機以前，每年總有大約一百棵咖啡樹染病，嚴重時甚至枯死。轉型以後，染病比例逐年降低，甚至有幾年，園裡沒有一棵樹生病，這讓蕭淵水相信，有機種植恢復自然的平衡共生，有利於植物生長。他說，樹健康，咖啡才會好。

因為好土質和有機種植，咖啡果紅熟以後甜度高達十四，幾乎是芒果的甜度。為著咖啡有好風味，必須全熟再採收，而陪伴蕭淵水等待咖啡果由綠轉紅的，竟是滿山松鼠。果子紅了，就是松鼠的大餐；每到這時就要趕緊僱工，和松鼠比賽搶收。

我問他，這麼多松鼠來吃，損失很大吧？蕭淵水笑著說：「這也是生態共生。咖啡是我種的，但在大自然裡，就是松鼠的食物。」

每當看到咖啡成熟，蕭淵水都格外感念父親當年用手除草、逐棵灌溉的呵護，養成這片健壯的咖啡園。二〇一七年，他重新設計咖啡包裝和名稱，以父親的外號加上富里郵遞區號做為品牌，成為既念舊又有土地情懷的「九八三蕭員外咖啡」。

7 黑纖米：腳踏實地的味道

掀開電鍋蓋，蒸氣騰騰冒出，帶著些許紅豆香氣；油亮泛紫的米飯，粒粒分明。吃在口裡，感覺米粒有著不服輸的韌性；多嚼幾回，淡淡甜味釋出。這黑纖米，哪裡來的？

米鄉池上，通過地標大坡池、金城武樹，沿縣道一九七往南爬高，位在鄉界處就是振興村。小羅——羅永昌——的農場位在村子高處，望向縱谷，美景盡在眼前。

小羅出生在振興村，和大部分偏鄉孩子一樣，童年結束在離鄉讀書那天。先到花蓮念國中，再到台北念高中；就業以後走得更遠，去菲律賓馬尼拉從事行銷工作。七年後帶著行囊，又飛到上海。

那時富裕的上海，消費者開始講究食材。小羅參與一家國企的有機米產銷，跑到中國南北產區試吃多種良米，也看到民眾搶購價格高出尋常甚多的日本進口米。他不斷回想自家休耕三十年的田，那是台灣最好的稻米產區，有沒有機會在復耕之後到更大的市場一搏？累積多年行銷經驗，他很清楚，只要有好米，價格不是問題；光是中國市場需求，就餵不飽了。

二〇一五年，小羅帶著妻子范逸嫻和幼子，離開國際都會上海，回到深藏山裡的家鄉，從種米開始「接地氣」。浪跡海外多年，伸腳踏入軟黏水田，剛開始有點恍惚，直到一步一步深踩到軟土之下的實地，站得穩了，心情才跟著篤定。「那一刻，真正體會什麼是腳踏實地！」小羅俊秀臉龐帶著滿足笑容。

稻米種了，但事與願違。兩岸物流費用高漲，接著情勢轉趨緊張，稻米去不了熟悉的上海。小羅從零開始建立本地客戶，全家四口坐著小貨車，南北奔波參加市集，面對面向民眾推銷自家稻米。

過去在上海賣米，動輒百斤、千斤；現在自售小包米，算的是一斤兩斤。小羅不以為苦，尤其對自家黑米有信心。他說，在國際市場，台灣蓬萊米行情不看好，還有競爭對手日本米；台灣本地人吃米又在減少，白米產銷只會更辛苦。他警覺到，增加銷售量、讓家鄉休耕田地恢復種植，蓬萊米不是最好答案。從決定種米那一刻起，他選擇黑米。

台灣市售米種，主要分為糯米、秈米（在來米）和粳米（蓬萊米）。一般所稱的紫米或黑米，多半是糯米。近年才出現的黑秈米，口感好、營養價值高，含更多纖維和花青素，逐漸受到市場歡迎。小羅為自家種植的專利品種黑秈米，取名「黑纖米」；又因為友善環境的自然栽種，品牌稱為「源天然」。

振興村舊名白毛寮。多年前小羅的爺爺當村長，懷著振興鄉村的期許，重起村名叫「振興」。小羅接下祖輩夢想，將振興家鄉的志願，寄託在黑纖米。

小羅看好黑纖米的國際市場；這個稻種健壯，適合不施農藥與化學肥料的自然農法，符合當下潮流。在台灣，從高價到低價、進口和本地生產白米已經太多，強調天然農法和營養健康的黑纖米，市場潛力很大。除了自家種植，他也和農家契作，希望未來打開銷路之後，吸引在外子弟返鄉種田，找回從前歡樂富足的農村生活情況。

踩過軟土，踏到實地，小羅種米賣米，踏實逐夢。一口口嚼出的米香，是踏實的味道，來自友善環境的生態重建，以及偏鄉產業和生活振興的願景。

8……山裡的海味：泥火山豆腐

羅山村的泥火山豆腐，切成立體方塊，沉沉澱澱，邊角比一般豆腐硬直。吃在口裡結實細密，滿溢的黃豆香氣，帶著些許鹹味。

第一次到花蓮縣富里鄉羅山村，朋友張綦桓領我看泥火山。與印象中在夏威夷看見的巨大火山口完全不同，泥火山只是一口小池，水色灰白，間斷冒著汽泡。綦桓說，泥火山口附近分布著彭佳嶼飄拂草、冬青菊，尤其稀有的鹵蕨，都是海岸植物。

「海岸植物？生長在與大海隔座山的縱谷裡？」我看了四周，十分意外。原來，海岸山脈生成晚於中央山脈，先隨著洋流來到這裡的海邊植物，因為海岸山脈隆起後被「困」

在縱谷。泥火山從地底湧出，帶來海洋物質與鹽分，讓泥火山附近這些海岸植物得以生存。

火山泥漿沉澱後濾去土質，是製作火山豆腐的天然滷水。據說將近一百年前，日本人將滷水製豆腐的方法教給羅山村民，一時家家戶戶都做豆腐。隨著人口減少和市售豆腐普遍，這門技術中斷已久。十多年前，村民找回舊時記憶，泥火山豆腐重見天日；現在村裡做豆腐，都是第三代了。

「大自然體驗農家」最早將火山豆腐製作轉變為體驗行程。林益誠離開原本的工作，回家幫父母做豆腐，主持體驗活動。他帶著民眾推轉石磨，盛接黃豆磨成的奶白色豆漿，倒入大鐵鍋加熱、加入滷水再煮沸，入模壓出水分，讓豆腐成形。趁熱切塊品嘗，不加調味料也是滿口芬芳。

泥火山豆腐製作材料只用黃豆和鹽滷，含水極少。市售以石膏成形的豆腐，保留較多水分；相較之下，同體積的泥火山豆腐，比起石膏凝結豆腐，需要多達三倍重量的黃豆。料真味實，加上有機種植的黃豆原料，是羅山豆腐好吃的原因。

村裡另一家「溫媽媽泥火山豆腐」，用舊式的柴燒大灶煮豆漿。偶爾柴火不著，溫家媳婦用上老方法，在灶面放一小撮鹽轉運。聽著灶裡柴火旺燒脆爆，聞著一室瀰漫煮熟的豆香，好像回到日出而做、日落而息的傳統年代。

羅山村居民以客籍居多，這裡的客家媽媽都有好手藝。林益誠傳承媽媽的技術，用泥火山豆腐製作豆腐乳。豆腐經過日曬、醃製和發酵，味道更添濃郁；加入鹹甜或微辣口味，以及濃稠的米麴，往往一吃成主顧。林家豆腐乳產量有限，經常供不應求。

泥火山豆腐冰涼再吃，比起熱食，口感更加密實。豆腐在口裡咀嚼，鹹味淡淡在齒間漫開。豆腐製作不曾用鹽，鹹味哪來的呢？我想起山上的海岸植物，依傍著泥火山存活。原來，泥火山好像嬰兒與母親之間的臍帶，往山裡輸送著海洋泉源，讓與大海隔絕幾十萬年的海岸植物，依舊生生不息。

藏在豆腐裡的天然鹹味，是大海的味道。向來魚與熊掌不可得兼，但在一方清淡的泥火山豆腐裡，山珍與海味共存，相得益彰。

9……二〇〇度熟成的紅西瓜

蔓延世界的新冠肺炎，為花蓮大西瓜帶來災情？

花蓮大西瓜生長時間久、果粒碩大，單顆瓜可以重達三十多斤；加上種植在河灘砂地，養成獨特的沙脆口感和極高甜度。

碩大的花蓮西瓜每年五月初上市，向來是餐廳的最愛。二〇二〇年疫情爆發，餐廳業績蕭條，盤商遲遲不現身訂貨，農友焦急不已；眼看著河床上的西瓜豐收，只能期待梅雨不要來，以免雨大水漲、沖毀一季的辛勞。

台灣的夏天記憶，少不了大西瓜。早年台北西門町有家「西瓜大王」，每到夏天，西瓜堆疊如山；西瓜大王甚至成為地標，朋友相約都選在店門口碰面，人來人往更是熱鬧。十七歲時的林青霞，就是在西瓜大王門前遇到星探。

西瓜大王的西瓜來自何處，恐怕已無人知曉。當年老闆使用長刀切瓜，每切一刀，就往白布上一抹。謠傳說那白布浸過糖水，長刀抹了糖水帶到瓜上，所以西瓜格外透甜。如今的花蓮大西瓜，不必抹糖水已經夠甜。

大西瓜九成的重量來自水分，所以這圓胖大塊頭其實很脆弱，「皮包水」就怕碰撞。大、重、易受傷又單價低，大西瓜宅配有先天困難，但近年花蓮大西瓜終於趕上「宅經濟」潮流，鮮採直送；從產地到冰箱，比傳統通路節省好幾天時間。每到五月產銷期，網路平台有多個花蓮西瓜品牌，包括農會品牌和農友自家品牌，各有特色。

花蓮西瓜的產銷轉型，主要來自農會推動，以及二代瓜農接手家業之後的革新。玉里鎮「阿強西瓜」由三十多歲的羅東昇打理種植，太太王筠婷負責網路行銷；阿強西瓜不僅宅配，還首創「刻字」服務，幾年前更創辦「阿強西瓜節」，同時打響玉里西瓜的名號。曾是上班族的葉森槐，返鄉玉里接手父親的瓜田，與同村長大的玩伴黃吉彬合創「瓜田樹下」，透過網路直銷西瓜。

二代瓜農傳承父親輩的老方法，但也加入了新態度。葉森槐說，年輕瓜農喜歡研究和群聚討論，試著創新改良老方法，也懂得自得其樂。務農很辛苦，但他在田裡工作會戴上耳機聽音樂，每天不知不覺就走一萬多步。

花蓮地勢南北狹長，五月初玉里大西瓜率先上市，然後是瑞穗、鳳林、壽豐；六月以後輪到「二期瓜」登場。內行人知道，種在河灘地的第一期瓜，才有花蓮大西瓜獨特的沙脆口感。

「一二〇〇度」是花蓮瓜農驕傲的數字。大西瓜從定植到結果成熟需要六十天，每日平均溫度二十度，這樣累積的一千兩百度工夫，熟紅了西瓜，也曬紅了瓜農。母親節後正好吃西瓜，用網路訂購一顆新鮮大西瓜，可以搶在夏天來臨之前，享受一千兩百度換來的清涼。

10 大自然的慈悲

前往陳焜得的三合院，先穿過正午依然陰暗的窄巷。才踏進前埕，頓時柳暗花明，令人神清氣爽。陳焜得住家四周貯存著超過五千公斤的環保酵素，是它們的環境淨化功能，改變這方空間的環境條件。

陳焜得的家，在有三百年開庄歷

史的苗栗縣蘆竹湳；這裡五十年前被畫進頭份工業區範圍，使得多達五十三棟的百年三合院老屋，意外被保留至今。

初到蘆竹湳，幽幽古意盡是滄桑冷清。晴空下磚牆色澤暗沉，穿梭巷道間，常見屋倒牆傾的空宅。村子裡最醒目的地標，是遠處紅白相間的高聳煙囪，日夜吐著白煙。因為居住環境條件惡劣，村子裡很多居民被迫出走。

「家被汙染，田被汙染，蘆竹湳是個悲情之地；但我不悲情。」陳焜得聲音宏亮地說。

陳焜得結婚後，住進村裡的妻子被汙染誘發多種疾病，痛苦不堪，他只得帶著妻小遷居台中；直到雙親老邁需要照顧，才又回到蘆竹湳。為了保命，他設法對抗汙染；幸運接觸到環保酵素，並且驗證功效之後，他開始大量培養酵素，為家人構築第一道防線。他也以酵素栽培農作，以健康營養的食物，讓身體成為抵抗汙染的城堡。

環保酵素源自泰國，經由馬來西亞籍醫生溫秀枝介紹到台灣；眾多支持環保酵素的志工一起組織了「愛酵園地」，從製作酵素開始，推動身心靈環保生活。製作環保酵素很容易，原料只要黑糖、水和果皮廢棄物，經過三個月生成酵素，稀釋後可以用於環境和身體清潔。酵素培養過程釋放臭氧，能夠去除空氣有害物質、淨化環境。

跟隨陳焜得來到頭份垃圾掩埋場，一旁緊鄰的土地是他家祖產。這裡沒有農作，只見數十個半人高的藍色塑膠桶，盛裝著超過十公噸酵素，這是他和志工夥伴的酵素培養基地。奇怪的是，這裡貼近垃圾場，卻聞不到惡臭。十公斤環保酵素的清淨效用等同一棵大樹，陳焜得說，目標是要在這裡養出一百公噸酵素，得到相當一萬棵大樹的能量，送到各地淨化被汙染的台灣水土。

藍色大桶像是列隊衛兵，等候向汙染進攻的指令。這裡的酵素已經成功出征其他場域，戰果輝煌。二〇一八年五月，愛酵園地志工接下南投縣鹿谷麒麟潭淨化工作。麒麟潭是面積十三公頃的人工湖，因為廢水處理不當造嚴重優養化，不僅失去昔日秀麗風光，更經常飄著臭味。不到三個月時間，集合愛酵園地志工提供的十五噸酵素倒入潭中，麒麟潭水質得到改善，不僅潭面重新映照天光，也不再有惡臭。

差不多同時間，陳焜得領銜執行頭份市番仔圳淨化。原本嚴重汙染的市區廢水溝，歷經四個月不斷傾倒酵素，不僅陳年油汙被完全分解，濁臭水圳清澈見底，也不再有異味。

陳焜得說自己「愈汙染，愈強大」，因為對抗汙染，反而讓他找到酵素。他說，大自然給了人類對抗汙染的方法，但人類非但未曾善用自然的恩賜，還在持續破壞環境。

強大的是酵素，也是陳焜得的求生意志。而他每天與酵素為伍，得到了健康，也養成推己及人的慈悲心。原來，環保酵素就是大自然的慈悲。

11 天貝之道：師法自然

在馬來西亞旅行途中，朋友熱心推薦「天貝」（tempeh）。看著盤裡，油炸天貝不就是黃豆餅天婦羅（tempura）？還帶著發酵的臭腥味，不懂朋友為何極力讚賞。回到台灣，聽聞陳振華用十年改良天貝，讓我更想弄清楚，天貝到底藏著什麼祕密？

長年茹素的陳振華創辦台灣天貝食品，以天貝做為優良植物蛋白質來源，讓人減少依賴動物蛋白質。看到朋友分享陳振華的故事，喚起我的油炸黃豆餅記憶，當即留言回應。朋友見我不解風情，寄來「八豆天貝」邀請品嘗。這些由黃豆、花豆、黑豆、紅豆、紅藜等豆類製成的天貝，形狀像卷壽司；切片微煎，沒有腥臭味，口感軟而扎實。一旦接受這口味，竟然停不下來，一次吃完整條。

原來，天貝是印尼的傳統食物，因為健康又營養，近年風行亞洲和歐美。傳說天貝源自中國，明朝鄭和下西洋帶到印尼，因為氣候適合天貝真菌成長，很快就流行當地。如今在印尼，蒸好黃豆，用香蕉葉包裹靜置，就能製成天貝。

台灣許多素食材料店可以買到本地產的天貝，做法都改良自印尼傳統。陳振華最初在印尼吃到天貝，他想到，如果可以讓天貝口味好、價格低，便能造福素食大眾。這個天真念頭，讓他展開和天貝真菌的長期「交往」。

研究天貝，要改變什麼呢？陳振華說，天貝是發酵食物，像臭豆腐一樣有著濃重氣味，在印尼用高溫油炸調節口味，但並不健康。他說，推廣天貝必須改變味道和培養技術，這就涉及菌種和製作方式改良，都是沒有前人經驗的挑戰。

陳振華本業做塑膠板和鍍膜，對微生物與食品科技完全外行。他求助研究單位，找不到答案，只有自己實驗摸索。無數日夜相處，他累積了培養和純化真菌的經驗；為了製作不同於傳統口味的天貝，本業專利竟然派上用場。原來，他使用鍍膜技術，讓營養液包覆在穀物和豆類外表，成為有利真菌生長的環境，成功做出八豆天貝、五穀天貝等獨創口味。

二〇一一年，陳振華走出實驗室，在桃園市設立工廠，除了專業培養天貝，更開發多種天貝食品，包括天貝植物肉排、天貝飲、天貝脆餅等。

長達十年的寂寞研究，曾經想過放棄嗎？我好奇地問。陳振華說，一頭栽入真菌世界，愈來愈著迷；探索天貝成了興趣，並不在乎投入多少，更不會疲累。

陳振華的答案，不在控制天貝，而在控制環境，建立適合天貝的生長條件。真菌極其微小，但它們不牽就、不妥協，依著本性生滅，生存條件相合就昌盛繁衍，不合就消形匿跡。掌握天貝的培養祕密，唯有謙卑面對自然。原來，天貝之道就是自然之道；改良天貝的關鍵技術，不在先進科學，而在「師法自然」。

12 ……… 池上秋收：天地人的成全之美

「全世界找不到這麼美的舞台！」池上秋收稻穗藝術節會場，一位志工開心地告訴我。稻田中的舞台，襯著遠山，就著天光，的確很美。

世界著名戶外演出很多，大陸山水實景演出多達幾十部；池上秋收稻穗藝術節，習慣稱它「池上秋收」，即使規模不大、演出期間只有兩天，卻不同凡響。

最初由台灣好基金會和當地民眾共同發展出稻田音樂會構想。二〇〇九年，鋼琴家陳冠宇首先應邀登「田」，演出一鳴驚人；黃金稻穗環繞平台鋼琴，演奏家在天光山影中渾然忘我，演出照片登上《時代雜誌》國際網站。

戶外演出要看老天臉色，池上秋收格外複雜。為了金黃稻海景觀，每到年初，農民依據天候條件，演算一期和二期稻作時間，推測稻穗轉黃日期。演出必須提早搭台，被舞台區占用的田地比周圍提早一週收割。經過對天地運行和稻作週期的精算，按時搭妥舞台，恰好迎來演出時如波浪翻滾的金黃稻海背景。

池上秋收歷來安排眾多精彩演出，包括優人神鼓、葉樹涵銅管五重奏、樂興之時，還有歌手張惠妹、A-Lin、伍佰等。二〇一三年雲門舞集《稻禾》最為動人，就在池上的稻田和水圳之間，林懷民編創的這支舞作，從池上走向了世界，以稻苗成長意象，歌頌台灣土地和自然。《稻禾》提醒著，人存在於天地間，而藝術，則是天地人的共創。

稻穗是池上秋收的主角。七十公頃沒有電線桿的良田，山脈之間更短的日照、更大的日夜溫差，加上沖積沃土和純淨水源，是養出池上好米的風土條件。垂擺的稻穗，是農人一季辛勞的圓滿；收割入倉，留下土地休養生息，期待來年風調雨順。

秋風初起的池上秋收藝術節，是感念天地的豐年慶典，也是池上人禮敬自然、讚頌萬物和諧共生的藝術獻禮。

最令人感動的還是社區鄉親。池上秋收成為新創的傳統，為了永續經營，熱心鄉民在二〇一六年成立「池上鄉文化藝術協會」，期待遊子和遊客如同候鳥般地每年歸來。曾經擔任志工的池上國中學生，許多已經轉成大人、外出求學，回應著池上秋收的召喚，結伴返鄉參與志工行列，共享大地的慶典。

這是令人讚美的藝術節。它的美，在稻海中的舞台，在藝術家的演出，更在天地人交融的生命力量。老天在每一場演出給了不同光色、溫度、風勢和背景。大地承載稻作、滋養生命，帶來豐收的喜悅。最美在人心，謙卑面對自然，感恩天地，虔誠讚美稻禾的成全。

順天應人而成文化。人在自然之中，自然也在人的生命之中；一念之差，足以改變人與自然關係的結局：出於掠奪，天地人同傷；出於成全，天地人共美。池上秋收是人與自然共好的精彩對話，因為互相成全而美，因為感恩惜福、愛鄉愛家，所以深刻動人。

13 藍鵲家族守護的茶

聽到「臺灣藍鵲茶」的故事，看到鮮明藍鵲印記，對坪林的愉快記憶頓時湧現。國鳥藍鵲是包裝，更是精神象徵，茶品牌背後是坪林茶農的堅持，保護大台北共有水源、呼喚藍鵲重返山林的努力。

以往從台北經北宜公路往返宜蘭，時間如果充裕，會在坪林品嘗茶餐，逛老街買肉粽和茶葉蛋，走進熟悉店家喝茶，帶走新焙的包種。趁天色亮好，緣溪步行，看山聽水。如今，高速公路帶來交通便利，往返宜蘭更頻繁，但不知不覺間，我早已淡忘曾經喜愛的坪林，和湯色清雅的包種茶香。

黃柏鈞創立「臺灣藍鵲茶」，與茶農約定友善種植、保育水土，承諾以較高價格收購。最初響應只有三家，經過五年的說服，才增加到約十五位茶農參與，提供九種茶品。

柏鈞創辦「臺灣藍鵲茶」，源於對自然的愛。他當時就讀台灣大學建築與城鄉研究所博士班，但過去求學過程並不順利，曾經考不到高中、上高中念不畢業，讀了大學又發覺並非自己志向。因為登山接觸自然，讓他找到真正的情懷所在；對於自然和生態的熱情，引導他一路讀書、工作、創業，樂此不疲。

創業初期，投資夥伴臨陣退出，向農夫契作的八百斤茶卻已經收成。他扛起責任，

貸款兩百萬元買下全部的茶，成立公司名稱就叫做「八百金」。那時一邊讀書，一邊賣茶，很難專注。為了對山林和農民的承諾，即使存款一度剩下不到一百元，公司只有自己一人苦撐，他也沒有放棄。

「臺灣藍鵲茶」希望保護藍鵲棲地；而藍鵲是環境指標，柏鈞的志向是「流域收復」，推動翡翠水庫集水區茶園全面友善種植、保護水土。日後當小蟲、小動物回來，藍鵲多了，大台北飲水更安全，坪林轉變成生態之鄉，可以為日漸冷清的茶鄉，帶來地方創生新希望。

過去幾年，「臺灣藍鵲茶」除了零售通路，已經有家樂福、花旗銀行、全球人壽、EPSON 等大企業契作；柏鈞經常舉辦坪林文化生態旅行，介紹當地人文環境，帶民眾到農家了解種茶、製茶過程，從農夫手上接下一杯有著生態保育意識的好茶。消費者認識了農人，指名認購，也保存了坪林以農家為基本生產單位的製茶技術與文化傳承。

從前有「同鄉共井」美談，共飲一口井，就是一家人；而今台北人共用翡翠水庫，就是生命共同體。藍鵲是具有家族性格的鳥類，全家共同照顧幼鳥；如今坪林藍鵲看守著台北的水源地，也為消費者把關選茶。柏鈞說，只要更多消費者支持坪林茶農友善種植，滿山遍野的台灣藍鵲，會保證翡翠水庫擁有最好的水質。

14 榴槤：逆天的美味

榴槤園主人王程利，傳了一張「命案現場」照片給我：一顆榴槤落在地面，果實完整，榴槤底下伸出一雙挺直的雞爪。想起前一天在榴槤園，他提醒我「起風不要站在樹下」，這下子眼見為憑，真是落果不長眼。我看著照片，喉嚨湧出了榴槤的濃烈氣味。

榴槤盛產期節，我來到馬來西亞彭亨州文冬市，進到王程利美麗如同露營地的榴槤園。剛熟落的貓山王品種榴槤，口感軟滑柔細，濃烈氣味在入口之後轉化為強烈的魅力。我聞著、嚐著，想搞清楚由厭惡到接受與喜歡，我自己對於榴槤的好惡轉變過程。

在這天之前，我對榴槤懷著深刻恐懼。最初印象，來自小學老師分享的品嚐經驗，說榴槤氣味如同腐臭廚餘，口感像爛蘋果；在全班鬨笑聲中，這樣的比喻卻深植腦海。從此，我對「果王」始終避退。

幾年前在澳門官也街，忍不住好奇，買了著名的莫義記貓山王榴槤雪糕，抱著悲壯的心情送往口裡。吃完不便宜的一盒冰淇淋，雖然沒有作嘔，但是口裡氣味久久不散，頗令我沮喪。

坊間傳聞，澳門賭王何鴻燊曾以專機從新加坡載回八十八顆貓山王，分贈好友包括香港首富李嘉誠等品嘗。這則軼事讓「頂級榴槤貓山王」在港澳家喻戶曉。港澳市街一般銷售只有泰國金枕頭榴槤，老饕想吃貓山王，以前只能效法賭王去新馬地區享用；現在有機會從網路購買，趁鮮空運送抵。

王程利的「7272 fruit」果園，順著山坡展延，果木扶疏、碧草如茵，母雞領著小雞散步啄食，幾隻幼犬懶散地各趴一方。除了間隔遼闊的貓山王樹，還有其他品種榴槤，以及山竹等水果。對於自家榴槤品質，王程利十分驕傲，除本地愛好者，很多訂單來自港澳；客人先在網路下單，收成以後空運寄送。

王程利說，泰國榴槤是農產品，大馬榴槤是精品，尤其貓山王。除了品種和果園管理差異很大，大馬榴槤是熟透了自然落下，泰國請工人上樹砍摘。在樹上的成熟期相差只有幾天，卻是風味的關鍵。

貓山王樹下張著尼龍網，接住落果。王程利說，榴槤一旦落地、受衝撞，立刻變質，果肉表面由細滑變成滿布「老太太的縐紋」。他剖開繩網接住的貓山王，氣味濃郁，果肉表面平滑光澤。剛開始的戒心，終於在放膽嘗試之後瓦解；最後在朋友勸阻之下，我才能恢復克制，沒有吃個不停。

對腐臭味道產生噁心、嘔吐等強烈身體反應，是人類演化而來的保護機制，可以避開致命的食物。許多文化裡的傳統食物有著強烈氣味，例如臭豆腐、藍黴起司、北歐醃鯡魚、日本納豆、北京豆汁兒，聞著可怕、吃了養生，成為「逆天美食」：沉浸於惡味之中，享受違反天性的爽快。但是，跨越文化、欣賞臭名昭彰的異國美食，還是很困難。

隨著大陸、港澳和台灣的榴槤愛好者快速成長，馬來西亞的貓山王供不應求。榴槤就是這樣的逆天美味，怪異卻令人著迷。愛上氣味嫌惡食物，可能是人類行為中，對於演化結果一種安全的叛逆。

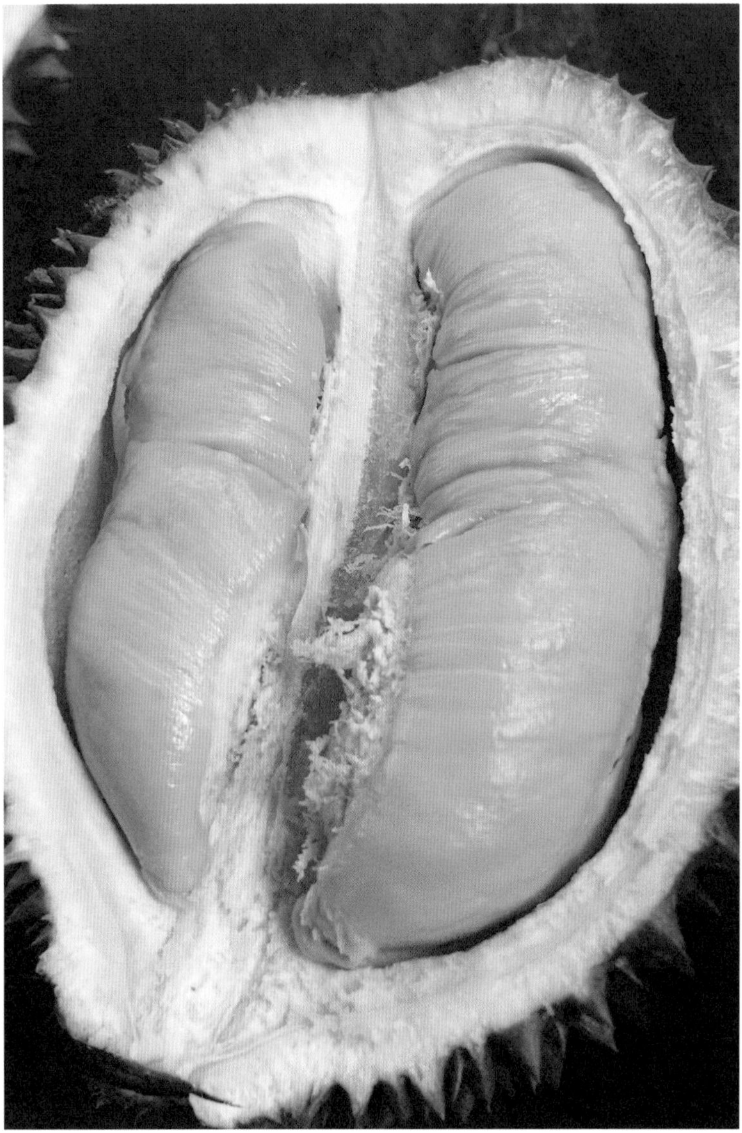

15 沒有壓力的香菇

台中新社是香菇產區，著名「香菇一條街」比鄰著批發商和餐廳、菇園。「百菇莊」離開香菇街有段路，但不容易錯過。開闊沿街店面、寬廣停車場，招呼著來往人車暫停休息。

到達百菇莊的下午，暴雨狂炸，頗為狼狽。先到櫃檯點了香菇香腸、百菇羹、香菇肉燥飯、炸杏鮑菇，選個位置坐下。屋廊外豪雨依舊，處在微涼氣溫中的身體，因著腸胃得到熱食撫慰，心情頓時安定。

百菇莊店面完全開放，沒有牆，也不必大門，客人購物、點餐進出自如；只是坐下休息，也很歡迎。「我不希望給客人壓力。」主人莊學富笑著說。

沒有壓力，也是莊學富的生活追求。原來從事營造業，日夜煩勞，三十歲就出現健康問題。他到新社山區靜養，開啟了養菇、賣菇的人生，一晃眼二十多年。為了心安，他寧可少賺；開店也是同樣想法，不給客人壓力，自己也不會有壓力。

店裡除了乾、鮮香菇，還有許多食品和食材，香菇辣醬、素肉干、香菇脆片等都很好賣，最特別是香菇冰淇淋和香菇冰棒。莊學富觀察到，長輩習慣在家裡存放乾香菇，煮菜燉湯順手投入提味。年輕人較少買乾香菇，可能口味改變也不常下廚。他和廠商合作開發食品，善用好食材，為消費者提供創新的吃菇選擇。

一百多年來，科學家努力尋找鮮味的祕密。德國化學家從酵母煉製鮮味，製成「馬麥醬」（Marmite）；日本化學家從昆布提煉出「味素」，鮮味才終於被了解。乾香菇具有類似的鮮味成分，中式料理以香菇提鮮，是天然又營養的傳統智慧。

種植香菇必須保持低溫和多水；但採收前必須減少澆水，收成的新鮮香菇口感更好，也能夠貯放長久。但是，少澆水也減少了重量，直接影響銷售利益。莊學富說，品質與收入的權衡，就是菇農對待顧客的心意。

跟著莊學富參觀菇園。潮溼陰暗的環境裡，從太空包踴躍冒出頭的菇苗，各有奇特長相。我好奇地觸摸一些不曾認得的菇，在柔軟溼潤的表面之下，隱藏著柔韌勁道，那是菌菇的生命力量，形體脆弱但意志堅定。

走出菇棚，綠草地院落中央的廊亭，正舉辦攝影作品展。鏡頭下的菌菇特寫，與剛才眼睛所見，是完全不同的尺度。纖細的紋理、挺立的姿態，原來陰暗裡的菇並不憂鬱，好像夜色中的頑皮精靈，自得其樂地擺弄身體。

菇類的生命，像是「曖曖內含光」的修練故事，它低調，但被需要。在人類懂得種植菇類以前，只能靠採集得到它，甚至利用動物的靈敏嗅覺尋找。回想起來，因為養病來到新社的莊學富，選擇種菇重啟人生，讓個人和香菇這兩條低調的生命線，得到一次沒有壓力的相遇。

16 ⋯⋯ 餘甘子：與靈魂相結

「不論水、米或是酒，食物吃進身體就是『結』。因為進入身體的食物，會和靈魂連結在一起。」日本動畫導演新海誠在小說版《你的名字》，重複這段文字。故事裡的「結」是個關鍵。用來編織的線，有時交纏，有時分散；各人度過自己的人生，有時相聚，有時分離；這都是「結」。

餘甘子又名「油甘」。在台灣，即使每天上菜市場的主婦，也很少機會看到它；但很多客家村的婆婆記得，半世紀前，摘餘甘子做醃漬蜜餞的往事。

古代印度食用餘甘子，稱之為「聖果」；佛教經典《維摩詰經》等，已經有餘甘子記載。明代流傳的藥典《本草綱目》，記錄了餘甘子補氣、延年等功效。據稱餘甘子隨佛教東傳來到中國，經過千年流轉，二百年前隨客家先祖橫渡黑水溝，引進台灣種植。老一輩客家人說，餘甘子能治病救命，例如緩解發熱、咽喉痛、咳嗽等症狀。隨著台灣經濟改善、民富物豐，餘甘子反而被遺忘在山林。

苗栗縣公館鄉的樹重奏農場，主人范源龍曾經任職跨國企業高管，日常工作是不計辛勞地飛行、開會、管工廠。一次出差印尼，發生心臟主動脈剝離急症，幾乎送命。後來奇蹟般治癒，他決心調整生活，歸隱山林。為了尋找有助健康的食材，他發現餘甘子，在苗栗山區以友善農法種植數百棵。

在群山環繞的樹重奏農場，范源龍帶我到餘甘子樹下解說生態。我摘了顏色青黃、大小像彈珠的果實，放進口裡咬食，很硬，味道酸澀，只能草草吞下。聽說餘甘子能改善喉燥咽乾，我再拿起一顆，這次細細咀嚼，果然生津回甘。

幾年前，一位中醫師向農委會苗栗農業改良場打聽餘甘子，引起農業專家賴瑞聲的好奇；經過研究，才了解它驚人的營養成分，例如維生素 C 約是檸檬的五倍、抗氧化能力約是蘋果的六十倍。而後農委會改良品種、積極介紹並開發產品，目前苗栗已經成立油甘運銷合作社，推廣種植和銷售產品。

主人在樹下準備了餐點，佛陀碗沙拉、果凍和巧克力等，餘甘子都被巧妙地融入。我抬頭看著結實纍纍的樹梢，想起《你的名字》。跨越萬水千山來到苗栗山區的餘甘子，今天和我們相遇，不就是一個「結」？當下，在場品嘗油甘的各路朋友，秋日陽光灑下的樹影和微風，都因此結緣。

吃下的食物和靈魂結合，是「物我兩忘」的境界。《聖經》寫到葡萄酒五百多次，那是耶穌的血；在基督教信仰中，喝紅酒能和耶穌相連。吃下佛經中的庵摩羅果，也就是餘甘子，靈魂可否連結到世尊講經座前，一同參悟拈花微笑？

17 萬物發酵，人間有笑

迪化街逛到夠熟了，總還能發現驚喜，例如那天闖進「發酵迷」。

迪化街店家習慣將商品堆得滿室，氣勢澎湃才會生意好。「發酵迷」最顯眼的大瓶發酵食物，放滿一面牆，卻都是非賣品。冰箱裡只有幾排瓶罐產品，酒釀、優格和不同的味噌，真是微型零售店。能言善道的「豪邁哥」劉鎮宇，告訴我「發酵是野生的美」，要我嘗嘗「梅子味噌配優格」。

味噌配優格，真是怪異，但我沒有拒絕。清淡梅子的香與酸，是在預期中；但優格與味噌混合，呈現了獨特的鮮味！我一口接一口，沉浸在魔術般的口味體驗中。離開時帶著梅子味噌、七年赤味噌，還有鮮脆爽口的黃金泡菜。

「發酵迷」創辦人黃靖雅的發酵之路，從黃金泡菜開始。早熟的孩子，在八歲時聽老師說「天下無不散的筵席」，難過得大哭；如果生命實相如此，那人生意義何在？她一路找尋，直到念完哲學研究所，答案還是沒出現。她放逐自己到司馬庫斯，為偏鄉小孩輔導課業，在平靜生活中，以寂寞應對著日升月落與春去秋來。

學生家境很辛苦，她幫著家長賣水蜜桃；後來發現，部落最重要的作物是高麗菜。靖雅學做黃金泡菜，拚命做，到處賣，但每一次切、釀上百顆高麗菜，人力消耗到極限，也只用掉部落一小部分收成。直到友人提醒：「妳要做發酵，不是泡菜！」頓時，眼前的無盡黑暗，出現了光。

靖雅需要發動一場社會運動，號召更多人來做發酵。她先在新竹創業，後來再到台北開設「發酵迷」，除了授課，也製作和銷售發酵食物。她終年不休息，順著四季輪迴，循著先人智慧，發酵各種當季水果蔬菜，尋找發酵技術和味道變化的祕密，讓更多人接受天然的健康食物。

靖雅自稱是沒上過班、不懂生意、不會行銷的「大孀」，為著「讓更多人明白手釀的滋味、緩慢的美好、土地的力量」，由信念帶領她往前走，以發酵食物支持台灣小農。她大方公開食譜和技術，因為「發酵不存在於技術，而是精神」，她說，「發酵是超越人類的存在」，人只能謙卑地了解它、順應它，和它共生。

深夜，我將發酵迷的發酵大蒜末加入蛋汁，熱鍋冷油再轉中火，鹽少許，煎到略焦。最簡單的料理，因為發酵大蒜的加入，有了全新風味。發酵過的大蒜去掉辛臭，香味更為濃郁；吃一顆煎蛋不過彈指工夫，蒜香凝聚舌面卻許久不散。

製作發酵食物，是利用天然酵素轉化食材的過程。靖雅臉書寫著，做發酵是「手通心，物我兩忘」；「發酵很美好，好到整個世界都冒泡。」對她而言，酵素的生生不息，讓有限生命得到無限延伸。酵素是她的「藝」，更是她的「道」；瓶瓶罐罐中的發酵食物，是大自然的微笑。

胭脂梅酒。

18 動心如拂水，福地居福人

一瓶令人齒頰留香、欲罷不能的「老松漬」：加了五葉松根酒的豆腐乳，引領我來到埔里山區裡的拂水山莊。

路蜿蜒，雨迷濛，山嵐如霧，車行鄉間尋幽探勝，滿懷喜悅。進入山莊，夾道松樹勁立迎賓，白色營帳錯落散布。山莊主人賴聯聰，靜立簷下如僧，望向冒雨而來的不速之客。

三十多年前，賴聯聰買下這塊臨溪土地，當時還是茭白筍田。他逐步填土造景，如今園內丘漥起伏、林木掩映，行走移步間，處處見到主人的用心。

學建築的賴聯聰，年輕時趕上產業好光景，初嘗成功滋味，意氣風發。有一回遇見禪師，他信口提問：「人從哪裡來？」禪師回答得輕描淡寫，卻是一記當頭棒喝。賴聯聰放棄建築事業，買下田地改種松樹，終日與自然為伍，思考生命的意義。當時種下的二百棵五葉松樹苗，如今都已經蒼然挺立，於是他開放山莊、設置露營帳，讓民眾來此親近自然。

賴聯聰種松、賞松，每株松樹都安排在恰好的位置，為了提供植物適當的成長環境，也為了觀賞者最佳的視線角度。他指向一棵松，解釋它和周邊的關係：「如果偏十五度，就不和諧了。」在他看來，深山古松最美，天地自然雕琢百年才能成為姿態；拂水山莊的松樹都還年輕，只能順著生長勢道，用人工方法修剪拉牽，將枝椏擺出動人形貌。

山莊女主人林換是花藝老師，也是會計師，曾經為了照顧一百五十家客戶，忙到失去健康。賴聯聰疼惜地說：「我不需要很會賺錢的太太。」於是夫妻一起來到鄉間生活。她學習中醫，認識身體機能，也為了知道遍野的植物如何成為藥食。

滿園五葉松，成為林換的研究對象。松樹終年不凋、堅韌長壽，向來給人延年益壽的聯想；《本草綱要》記載松樹多種食方，歷來修道者也傳承著以松入食的養身方法。林換從藥食典籍研究五葉松，釀製五葉松醋、酵素、松根酒，加入其他食材如黑棗、橄欖、豆腐乳等，發展超過百種食譜，但只有少數製作銷售。

引我上門的「老松漬」豆腐乳，林換說，製法來自出家人的傳授。「老松漬」原本做給自家人吃，全程手作細工；因為製作耗時、產量有限，只能限量銷售。賴聯聰補充說，松的藥食知識來自前人智慧，拂水山莊沒有「發明」它們，只是「傳承」。拂水山莊的五葉松產品都印上「差點失傳」，提醒著文化延續的重要。

走到山莊後側，東光溪水聲潺潺，卻令人感覺寧靜。賴聯聰說，這溪水來自湧泉匯聚，終年不枯。望著清澈流水奔躍，呼吸香甜空氣，想起「福如東海長流水，壽比南山不老松」的詩句。拂水山莊吉祥福地，正合於這詩的寫意。

19……小村遠遠，蕙心綿綿

站在「小村遠遠」香草園，俯瞰海岸山脈中的泰源盆地，藍天之下青山環抱。白雲飄過，雲影前緣成為區隔明暗的界限，寂靜無聲卻充滿動感地掠過谷底和邊山。陽光溫煦，微風輕拂，眼前風景，讓我以為自己站在宮崎駿的動畫裡！

手機響起，傳來緊急訊息：因應疫情嚴峻，雙北市提升為三級警戒。頓時頭腦一片空白，待回過神來，知道該結束這次行程了。深吸一口山谷氣息，這一切的真實，卻如此夢幻。

「小村遠遠」創辦者陳人鼎十年前回到老家，台東縣東河鄉尚德村，為了阻擋一樁開發案。人鼎向為數不多的村民說，留下土地，才能再創價值！結果土地保住了，但價值靠什麼再創？歷經不同產業的失敗，最後找到香草。

尚德村所在的泰源盆地，得助於地型和氣候，適合友善環境方式種植香草，試種第一年就豐收；但計算成本與收益，簡直血本無歸。接著調整策略，加工萃取精油、和芳療師合作推廣，還是不賺錢。人鼎轉向投入精油產品開發，同時不斷調整香草品種、改良種植技術，提取大自然蘊藏在植物裡的神奇能量。

自然的奧祕從來不吝於向有心人展現。曾經為了開發驅蚊用品，試用多種配方都不理想；老人家指點傳統方法，燃燒俗稱「蚊仔煙頭」的茵陳蒿可以避蚊；人鼎試驗茵陳蒿精油，確實有效，但氣味太過強烈。他試著調入其他氣味，卻降低了驅蚊功效。經過反覆實驗，終於完成獨家配方的香草防蚊液。

台灣有各式各樣的香草品種，為了選擇最合適種植和萃取的香草，人鼎從種源開始研究。左手香、香蜂草、甜馬鬱蘭、澳洲茶樹等，他都試過多個品種或來源。人鼎在小村遠遠以造園方式塑造出不同的生成環境，試驗香草適應程度。但是，香草長得好也有危機，例如二〇一九年綠薄荷豐收，因為沒有颱風天災，蚱蜢大量繁殖，多到「可以聽見蚱蜢啃食綠薄荷的聲音」。

人鼎懷抱「大家共好」的初衷，返鄉先成立合作社，社區共同經營；收入也用來照顧社區。現在除了契作，也推廣香草給花東地區民宿業者，不僅營造景觀，收成還可以賣回給人鼎。

香草因為風土條件差異，會產生地區性的特殊香氣。近年人鼎運用本地香草調配「台東氣味」，希望可以透過吸呼香氛，傳達台東特有的山林、日光、風雨、月光海等風情。

「小村遠遠」臉書上，人鼎的太太廖容瑩分享一家五口山居生活，單純而滿足。人鼎說，選擇如何生活，就是選擇一個地方回家。上帝的眷顧，帶著人鼎回家；如今他以同樣態度，為香草打造在台東的家。

20……格格的蓮花：種在梯田，養在心田

在台東長濱鄉尋找南溪村，沿山路繞行向上，正在懷疑導航正確度，終於抵達花格格蓮莊。女主人林美瑛在簷下梳理乾燥蘆葦，綁紮掃帚；陽光下幾只大鐵盤，曝曬著五顏六色的蓮花。

這裡是美瑛的出生地。十二歲和家人搬到台北之前，唯一認識的城市只有台東市，也只去過一次。移居台北之後，很長一段時間根本沒想過要回老家。

「住在台北，會懷念童年生活嗎？」我好奇問。她笑說，完全不會，山村太苦了！爸爸做過砍藤、養螺、種金針等工作，都僅能糊口。小孩也必須勞動，以前最恨暑假，不上

學就要工作。有一天清晨五點多，大人各自有事，美瑛帶著弟弟，兩個小學生揹起籮筐翻山去採金針。面對整片山的金針，欲哭無淚；又怕沒有採完，爺爺明天看到金針開花會生氣。小孩急中生智，找到住在附近的阿婆，讓她任意採摘，至少先過爺爺這一關。

老家的這片山林，早就在她心底埋好了返鄉種子。美瑛喜歡植物，小時候看媽媽種菜，她也自己種小白菜，植物的成長令她很有成就感。後來居住台北，無法滿足於在陽台玩盆栽，她和朋友一起租農地種花。二〇一五年她終於回到山林，和植物一起生活。「我記性不好，但只要和花有關的事，都記得一清二楚。」她說。

美瑛帶我巡禮農莊。順著坡勢開拓的梯田，周圍植物圍繞，格外靜謐。滿池蓮花，主要是超過一百種的熱帶香水蓮。熱帶蓮花怕冷，夏天過了準備冬眠，如果熬過寒冬，會在來年的五月長出葉子，等待盛夏花季。她說，到了夏天就會很忙，每天要採花、曬花。

當成園藝、而不是農業種植，美瑛的蓮花產量不多；反而因為生態條件好、種類多，有固定愛用的餐廳。取一朵乾蓮花放在杯中，熱水沖入之後，曝曬過的乾縮外形逐漸舒放，展現原本姿態；黃色、紫色、白色蓮花，口味香氣各不相同。

美瑛走到農莊另一端，下到水池，隨手摸出一隻巴掌大的蝦，伸著一對大螯；再轉身，

一隻青蛙趴在她手掌上。細數每天遇到的動物和昆蟲，美瑛臉上帶著笑容；「有一天早上開門，一隻鱉躺在門口！」大自然每天都有新故事，帶著好奇接受驚喜，生活並不單調。

「你不能什麼都要。來山裡生活，物欲首先要放棄。」她說，剛從台北回來，曾經很難適應，還好當地青農朋友互相支持，才逐漸習慣。

宋代理學家、千古美文〈愛蓮說〉作者周敦頤，稱讚蓮為花中君子，將種蓮從農村田活，昇華為修身養性的心法。我看著滿面笑意，在日頭下腳踩泥水、彎腰探蓮的美瑛，恐怕只有如此的賞蓮悅心，才能理解敦頤先生的蓮花之愛。

美在人間

1 ⋯⋯ 一個人的晚餐

朋友約週日吃晚飯。挑了間住家附近的日式居酒屋，菜做得精巧可口，配啤酒或日式清酒都不錯。

比約定時間提早到達，選了靠窗位置。下午六時剛過，餐廳只有我一位客人。等待的空檔，喝茶、看窗外、聽音樂，心情輕鬆。隨手翻了菜單，規畫兩個人的晚餐該如何點菜，才能經濟實惠又吃到好料。

超過約定時間，朋友始終沒有出現。手機不通，訊息不回，讓我有些擔心了。朋友是位認真的記者，手機不接並非尋常。終於傳來訊息，家裡有事耽誤了，貼了一串道歉圖。

是我該做決定了：站起來走出去，或是一個人晚餐？

環顧四周，這時幾乎滿座。正前方一家人，年輕爸爸、媽媽帶著看來五歲左右的小孩，還有年輕爸爸的母親；忙著照顧孩子的另一位，是講英文的外傭。年輕爸爸顯得很權威，低頭吃喝之外的時間，就是對老婆、孩子和傭人發號施令。

右鄰桌，一位老先生和三位美少女，看來彼此不熟，少女們顯得矜持。老先生心情不錯，聲音宏亮，偶爾傳來「老婆」、「孩子」、「房子」等關鍵詞。再過去幾桌，都像家人聚餐；最遠處那一桌，大人、孩子共九位，十分融洽愉快，點了滿桌子菜餚；我注意到其中一人腿受了傷，拄著拐杖走進餐廳。

沒有一桌是只有一個人。但一個人用餐，有何不可？我們總是找藉口相約吃飯，為了工作應酬，為了某些原因聚會，但我們幾乎不曾想到，約自己好好吃一頓飯？

因為工作、出差或各種原因，我經常一個人吃飯。對我而言，一個人吃飯就是餵飽自己罷了。挑家館子坐下，慢慢吃、慢慢嘗，這種事情很少發生。就算自個兒喝咖啡吧，總是帶著資料書籍或電腦，坐在咖啡館裡好像換個空間上班。還有手機在一旁，隨時找得到別人，也隨時被找著。

今晚，決定獨自一人用餐。點了南瓜沙拉、山藥細麵、鹽烤牛舌。先上南瓜沙拉，是蒸透的南瓜和馬鈴薯壓成泥，拌上蛋黃、沙拉醬，再調入其他配料如葡萄乾、花生粒、松子、核桃和櫻花蝦。整份沙拉如同一個飯碗的量，我小口品嘗著，全部吃個乾淨。

再來山藥細麵，也不是山藥配細麵，而是以極細刀工，將山藥切成比麵還細的絲，再配上日式涼麵汁。看著碟子裡堆疊整齊的山藥細絲，用筷尖輕挑之後沾汁就口，吃到的滿是廚人的用心。

鹽烤牛舌算豪邁的菜了。服務員安置了小爐，架上金屬烤盤；盤熱了刷上奶油，挾起手掌般大的薄片牛舌，抹了油和鹽放上烤架，隔幾秒鐘翻面一次，伴隨一陣白煙和香氣後起鍋，快速將牛舌捲著洋蔥末，盛進小碟送到面前。我趁熱取入口裡，油滑香嫩又有彈性，真是令人幸福的口味。

餐畢，服務員撤下餐具、抹了桌子，我端起杯子輕鬆喝茶。一個人細嚼慢嚥、體會食物味道和廚子用心，卻也真是難得；如果今天朋友依約來到，忙著聊天，一定忽略了這些佳餚。

「慢食」風潮從歐洲吹來台灣，落地以後意義反而扭曲了，強調「食」而不在「慢」。

台灣人生活緊張，如果每天都可以慢慢地享受一餐，關掉吵人的電視新聞和手機，即使只有一個便當，也可以舒緩不少壓力。

朋友傳來訊息，平安無事，不用掛心。我反而感謝他的缺席，意外讓我獨享了一餐的慢食。

2 再來一碗蜜豆冰

清明節剛過，出現攝氏三十度高溫。地球溫室效應已成常識，沒有什麼好懷疑；剛過去的冬天格外冷，過完新年，氣溫V型反轉。找出短袖衣服穿上，忽然起了念頭：去吃蜜豆冰！

想到就行動。週日下午直往士林奔去。到了夜市，天還不黑，但已經人聲鼎沸。順著記憶，走到像是一條窄巷的安平街，找到大名鼎鼎的「辛發亭」。

很多年沒有來「辛發亭」，腦子裡的記憶還很清晰。外婆家離士林不遠，小時候去外婆家，阿姨們總會帶我到士林夜市吃喝一番。對我而言，能到夜市開懷大吃，是生活裡的最高級享受。

士林吃冰的深刻印象，不在「辛發亭」，而是原本開在對面的「我家」，以及「蜜豆冰」。不記得幾歲的一個夏天，阿姨說要帶我去吃冰。小孩子有冰吃當然好啦，興奮地問阿姨：「去哪裡吃？」阿姨張著大眼對我說：「我家！」

那時我對世界的認知，還沒有「我家」這間冰店，以為阿姨說的「我家」是在外婆家裡吃冰棒。這下子可不開心了，當場耍性子發脾氣：「我不要在家吃冰！我要出去吃冰！」說得一副很委屈的樣子，驚動外婆出來關心，責怪阿姨沒把話說清楚。結果一屋子人反而都笑開了。

那天傍晚，阿姨帶著我和弟弟出門，走進陽明戲院旁的巷弄，就是現在這條安平街，來到「我家」冰店門前。「看到沒有？這就是『我家』！」那時已經認字的我，才知道原來是場誤會。以後每次要吃冰，阿姨領著往士林出發，我都不忘加上一句：「要去我家！」雖然阿姨也許比較想去辛發亭。

最早去「我家」都是跟著大人吃冰；忘了什麼時候，有機會自己單獨吃一碗冰。也是那時候認識了蜜豆冰。

最初以為蜜豆冰和紅豆冰、綠豆冰一樣，是一種叫「蜜豆」的豆子，煮得很甜，豪邁地加在雪白的冰上。這又是一個誤會。碗底下攤著西瓜、香蕉等新鮮水果，加上用糖熬煮的紅豆、大豆、薏仁、綠豆等十多樣材料，上面蓋著厚厚碎冰、淋上摻了香蕉油的糖水，就是蜜豆冰了。

「我家」蜜豆冰是我心中冰品首選，甚至以為蜜豆冰是「我家」的發明。長大才知道，蜜豆冰到處都有，據說起源是台中老店「幸發亭」。但是「我家」和蜜豆冰，早就成為相互連結的美好記憶，難以切斷抹去。

來到辛發亭，店裡人不多；看看顧客穿著，春衫夏衣都有，還有人穿著風衣外套，顯然吃冰並非因為天熱。辛發亭最出名該是雪花冰，看著牆上冰品單，心裡想著，不要浪費一個嘗鮮機會，挑個有趣的吃吧！

瀏覽各種口味冰品，浮現腦中的卻是當年自己哭鬧的畫面。我感覺嘴角在微笑；接著，聽到自己對著服務生講話：「一碗八寶蜜豆冰！」

3 ……… 藺子：玉指編藺草，情綿意更長

走進苑裡鎮信義路「藺子」門市，架上都是精巧的藺草帽和提袋。廖怡雅微笑走來，這位三十歲的俏麗女孩，正在為藺草工藝編織希望。

相傳藺草編織技術來自原住民，被漢人發揚光大。藺草吸溼、透氣，適合編織帽蓆，曾是台灣重要外銷產品。上世紀七十年代，手編帽蓆被塑膠材料和機器製品取代，苑裡藺草產業一路衰退，如今只剩幾家老字號，承襲著昔日榮光。

大學念設計系的怡雅，一度因為家庭變故，生活陷入困境。她跟隨老師來到苑裡，參與振興藺草工藝的政府專案，認識許多巧手阿媽；這些阿媽很照顧怡雅，請吃飯、塞零用

錢，讓失去自己阿媽不久的怡雅，格外感到溫暖。

很快怡雅發現，依賴政府專案並非久長之計。最初邀請十多位阿媽合作，因為經費減少，只能不斷解聘阿媽。怡雅心疼這些阿媽失去工作，暗自決定：「一定要有自己的商業模式！」二〇一六年怡雅創辦「藺子」，先生李易紳也加入營運。

「藺子」為草帽加入創新設計，許多細節重新調整，例如草帽內側尼龍質料止汗帶，考量功能換成棉布；帽帶裝飾改用印花布，更顯得朝氣。藺子在二〇一九年發起群眾募資購買機器，不但增加帽形變化，產品質量也同步提升。

創業初期，怡雅請四位阿媽編織產品，她和先生參加市集銷售。得到薰衣草森林、礁溪老爺酒店等通路支持，知名度和銷售量才有成長；如今藺子一年銷售三千頂草帽，合作阿媽超過四十位；也開始有自己的田地，種植無毒藺草。

藺草產業輝煌時期，會編織的苑裡女子出嫁，聘金格外豐厚。但怡雅說，藺草編織沒有提高女性地位，女孩反而必須編織掙錢，供給家中兄弟讀書。草編落沒之後，手藝也失去價值；這些七、八十歲的阿媽重新編織帽蓆，並能賣得好價錢，都覺得十分欣慰。

怡雅將編織阿媽當成職人，草帽紙標印上製作阿媽的芳名和故事；其中「阿屘帽」更

以製作的阿媽命名。阿屘帽一個月只出四頂，手工細膩、花樣靈活，是藺子最有特色的產品。另一款鎖匙圈上的迷你草帽，必須套在指尖上編織，產品說明特別介紹巧手的品卉阿姨，因為只有她一人會做。

在藺子明亮的店裡，草帽、提袋如精品般陳列，感受不到一點悲情。怡雅介紹著淑女帽、紳士帽、船夫帽、爵士帽、梨形帽，編工整密、造形活潑，雖然是傳統工藝，卻充滿朝氣。幾款藺編包袋搭配皮革和花布，更顯得時麾。怡雅說，創業時都沒在怕，現在反而有壓力，畢竟，要有好產品，要讓阿媽有收入，藺草編織才有機會傳承。

4 啤酒涼夏夜

悶熱夏夜，開著冷氣還睡不著。打開電腦，在臉書上留言：「如何打發漫長暑夜？」隔不久，大學同學就回應了：「找朋友，喝啤酒。記得那些夏夜星空下喝啤酒的日子嗎？」

同學是當年住學校宿舍的「鄰居」。住宿期間，尤其夏天，每到晚上十點左右，就有同學一間間敲門，招大夥吃宵夜。悶在宿舍難過，往往一招就一群人，穿著短褲拖鞋，朝校外小吃店走去。

宵夜怎能沒有啤酒，只是，有時開懷大喝，有時為了作業或考試，每個人小嘗一杯。只要冰啤酒下肚，即使汗流浹背，也不再覺得天熱難耐。在那個純樸的年代，宿舍裝冷氣還是奢望，靠著星空下、小攤前的冰啤酒，我們用微醺度過好多暑氣凌人的夜晚。

當時能買到的啤酒不多，最常喝的無非「台灣啤酒」。常聽說「青島啤酒」好喝，只是無緣品嘗。直到一九九五年夏天，和朋友去了趟夏威夷，竟然在商店裡看到青島啤酒！我們喜出望外，四個人拎著幾罐冰透的青島啤酒，走到面海沙灘上，就著婆娑椰子樹影喝完啤酒。那天，沒有月亮，沒有風，只有浪濤聲，和滿天閃爍的星光。

記憶中喝啤酒最暢快的夜晚，在威尼斯。和朋友圍坐聖馬可廣場，聆聽飄散空中的小提琴樂聲，豪飲啤酒。時間已近深夜，廣場上並不冷清，我們笑著、唱著，站起來轉圈跳舞。威尼斯！以往在歷史和地理課本讀到的名詞，彼刻在我們腳下，圍抱在我們周邊；我們走進歷史，成為千年繁華的過客之一。微帶涼意的夜晚，因為太浪漫，我們都有些醉意，搖搖晃晃走回旅館；第二天完全想不起來，究竟前晚為何豪飲。

許多人說，全世界最美的廣場，是比利時首都布魯塞爾大廣場。另一個夜晚，幾位朋友在大廣場附近晚餐後，坐在餐廳前喝啤酒。到比利時，才知道啤酒選擇那麼多！修道院釀出極好的啤酒，各有品牌和風味，琳琅滿目。我們低估了比利時啤酒的勁道，分著淺嘗了幾瓶修道院啤酒，結果竟是醺醺然地踉蹌而去。

近幾年，台灣市面可以買到的進口啤酒種類多了，日本、泰國、新加坡、美國、荷蘭、德國、法國、韓國、比利時還有一些北歐國家，光是7-11的冰箱裡，啤酒種類可以打一場世界杯。更不用說啤酒專業酒吧，種類百百款，不出國已經喝遍世界。

台灣本地精釀啤酒，是最新鮮的選擇。「金色三麥」是第一家自釀啤酒的餐廳，進口設備、甚至原料，餐廳裡還看得到釀造桶。因為需求量不小，後來專設了工廠製造啤酒。

所謂「三麥」，是大麥、小麥和黑麥。現釀啤酒有獨特口感，小麥淡雅，大麥厚醇，黑麥飽含著焦糖的苦香。據說因為現釀現喝，減少保存程序，啤酒風味更為鮮活突出。只是，享受好口味要花成本，比起市面上罐裝啤酒，現釀啤酒價格高出一些；如果酒量還行，肯定一口一口接著喝，自然花費也就多了。

年紀愈長，沒有了年輕的熱情和胃納，加上痛風與熱量顧慮，啤酒成為必須節制的對象。偶爾淺酌，黃金液體沿著杯緣流下，細膩泡沫向上增厚，聞到也喝到的麥香果香，可以在記憶中回到和同學把酒宵夜的麵攤，或夏威夷、威尼斯、比利時，陶醉在啤酒裡的夜晚。金色的啤酒，有我金色歲月的回憶。

5 ……… 戀戀紅茶香

在朋友家喝茶。WEDGWOOD骨瓷壺雪亮透光，一銀匙的紅茶放入，沖上滾水，壺外罩上保溫棉套。三分鐘後，茶湯倒在預熱過的茶杯裡，琥珀色汁液冒著絲縷白煙。好美的顏色、好香的氣味啊，淺嘗一口，茶湯順著喉嚨滑下，溫潤如玉的口感散開。

「這是哪裡的紅茶？印度還是斯里蘭卡？真好！」我讚美著。朋友說：「好喝吧？告訴你，這是台灣的阿薩姆，台茶十八號！」我心頭一震，對啊，剛才只想到進口紅茶，沒想到南投也生產頂級紅茶。

一八六七年，台灣茶打著「福爾摩沙烏龍茶」名號開始外銷，一鳴驚人；台灣這個「福爾摩沙」名聲，也傳遍世界。說台灣「因茶而名」，並不誇張。甲午戰後台灣割讓，日本人捨棄中國閩南安溪的烏龍茶種，在台灣推廣紅茶。

老輩對於日本人偏好紅茶，流傳不同說法。有人說，台灣烏龍茶出口太盛，搶了日本綠茶生意；也有人認為，雖然「福爾摩沙烏龍茶」名號響亮，但考量全球市場需求，最大宗還是紅茶。

台灣日月潭一帶，無論海拔、溫度、溼度，都適合種茶。日本人引進印度阿薩姆茶樹，試種成功。日據時代設立的台灣茶改良所，就在日月潭附近；其他如新竹縣或北部沿海，都曾經是紅茶產地。

光復後，台灣茶業一度衰退，種茶收益比不上檳榔，許多茶園改種其他作物，甚至剷平興建高爾夫球場。日月潭附近少數農家始終堅持，種植改良的紅茶品種「台茶十八號」，沒想到本土化氛圍加上文化產業熱潮，日月潭紅茶經過包裝和行銷，逐漸受到市場歡迎，成為台灣茶的新寵。

我喝茶多年，日常飲用以烏龍為主，偶爾喝紅茶。早年缺乏選擇，家裡只有「立頓」（Lipton）的黃標紅茶包。雖說是舶來品牌、進口商品，但價格大眾化，也普遍被西餐廳使用，算是經濟實惠的選擇。

有機會遊歷世界，開始喝到不同品牌紅茶。一九九二年第一次到香港，打算多買幾盒立頓紅茶帶回家，沒想到逛進街邊超市，發現紅茶品牌除了立頓，還有其他好幾種。看包裝選中「TWININGS」，價格比立頓高些，但還能接受，於是買了一盒帶回酒店試喝，當下十分滿意。那趟旅行回程的行李箱，裝了許多紅茶新歡：「TWININGS」大吉嶺紅茶。

九〇年代以後，台灣大型超市愈來愈多進口紅茶，餐廳茶館也比過去講究，不用出國也可以認識各國紅茶。以前國中地理課本寫著，印度和斯里蘭卡出產紅茶；實際喝茶經驗也證實，幾次印象深刻的紅茶，都出自印度或斯里蘭卡。

台灣九二一地震之後，中部地區產業凋零，百廢待舉。有一回前往日月潭附近考察社區產業，在深藏山林間的大雁村，遇到紅茶產銷第六班的葉金龍班長和夫人，他們重整茶園，以有機方法種植台茶十八號紅玉紅茶。順著文創產業潮流，請設計師用木片製作了別致的包裝，也取了好聽的名字「森林紅茶」。

被獨特的包裝吸引，我買了幾罐森林紅茶。回家取出茶葉，置入玻璃壺沖水，茶湯色澤明亮、香氣濃郁；喝進嘴裡，口味勝過我曾經喝過的所有紅茶。那時初遇紅玉紅茶的興奮，至今難忘。

如今日月潭紅茶聲名遠播，漁池鄉已經成為台灣重要茶區，有眾多「日月潭紅茶」品牌和產品。而我始終記得純樸的葉金龍夫婦，重振家鄉產業的堅持，以及搭上文化產業潮流，以雷雕木皮做茶罐的獨特設計。那一口紅玉紅茶，展現了台灣風土之美，以及不畏災難的堅毅人心。

6……茶覺：茶味開啟的人生體驗

初春清晨，王明祥抵達阿里山，天已微亮。下車舒展，深深呼吸，冷冽空氣中含著飽滿茶香！他頓時清醒，為著那滿腔吸到的茶香震撼，幾乎流下眼淚。他事後回憶說：「當時，忽然意識到自己還活著！」

當時王明祥任職外商，是韓系消費電子品牌的產品經理。沒日沒夜的工作，換來產品市占率大幅成長，卻錯過妹妹婚禮。嫁到阿里山的妹妹，經常呼喚過勞的哥哥到山上走走。那個週末夜晚，明祥下班開車回家，忽然一個念頭興起，去看妹妹！於是調轉方向盤上了高速公路。

幾個小時後，明祥來到阿里山，走進了滿山製茶的清香。那深深一口氣，轉變他的心，打定主意歸零創業，從消費電子拐進農業。他四處走訪台灣茶人、收集茶品資料；創業品牌命名為「七三茶堂」，用了《茶人三部曲》裡讀到的「倒茶七分，剩得三分人情」寓意，傳遞被茶香喚醒的生命體悟。

從一山茶香的感動，到三分人情的領悟，明祥踏進茶文化寶庫。他明白，中國人愛茶，是藉茶體驗人生與人世，讓自然與性靈在清香與喉韻中相遇。茶，是「察覺」生命的觸媒；這層體會，讓他寫下「茶覺」兩個字，做為推廣品牌的信念。

明祥說：「美好的一天，從一杯茶開始！」茶青來自天地風土，製茶程序為茶青加上巧手慧心的溫度控制；茶味，是天地人的共創。泡茶喝茶，色香味加觸感，任由感官與內在對話，是天地人與自我的連結。從茶而覺，什麼茶都可以啟動這道程序，開關在於有「覺」。

曾有茶師教我「茶禪一味」的道理，既不必為了禪而茶，喝茶又何必為禪。此刻忽然領悟。原來「茶覺」兩個字甚妙，任性沖茶，覺出其中情味，禪就在這壺盞中的葉湯裡。

問明祥，茶品牌不計其數，「七三茶堂」追求什麼？他回答：味道。

自轉業賣茶開始，明祥從頭學習種茶、製茶、評茶。西方咖啡、紅酒都走向科學化，博大精深的茶，更多談的是文化和精神。他像是味道的尋寶者，跨入植物化學，認識風土條件，收集茶青，看論文、做實驗、讀數據。二〇一九年出版《茶味裡的隱知識》，就是明祥花費十年的研究心得總結。

明祥對味道很敏感，經常打破陳規，將不同的茶青和製茶法排列組合，有時加入香花，試試看製茶結果。每當試驗出一種新味道，他好像往鐵盒裡收藏寶物的孩子一樣，想辦法保存這種味道。

七三茶堂開發了幾十種茶品，牆上成排的黑色包裝，封存著暫時沉睡的味道。明祥不標榜得獎茶；他說，味道是個人化的經驗，喝茶要有自己的喜好。他盡力讓味道維持一致，消費者買了同款茶，嘗到熟悉的味道，如同見著老朋友。

走出七三茶堂，關上大門，沾染我一下午的茶香停留在背後的室內。此刻，我忽然聞到了空氣中的雨後潮溼，和土地被沖洗過的清淨氣息。

7 ⋯⋯⋯ 跨越與融合：家的生命美學

走進JIA品家公司的台北展廳，像美術館般陳列著歷年作品。另一間展廳，琳瑯滿目全是不同品牌的代工產品。對這家公司肅然起敬，原來，從專業代工到自創品牌，它是全球餐廚用品市場的重要支柱。

JIA創辦人林安鴻，一貫熱情和謙虛。他忙著公司經營，年過五十，還到北京大學進修；選讀的不是經營管理，而是底蘊深厚的中國哲學。二〇一六年，老學生終於完成博士學業，領到畢業證書。

年輕時的林安鴻在貿易公司上班。一九八九年，德國友人出資五萬美元，協助林安鴻在台北創業，專注於品牌代工。一九九七年，香港回歸前四個月，林安鴻本著「眾人皆走我獨往」的勇氣，將事業移往香江。隨著公司成長，自家設計和製造的產品，打上不同的國際品牌行銷世界，他開始自問，為什麼沒有自己的品牌？宏碁創辦人施振榮提倡的「品牌台灣」，扎進林安鴻心底。二〇〇七年，他決心創造一個彰顯華人人文精神的品牌。

林安鴻為品牌構想名字。問自己，多年在全球各地打拚，最在意什麼？腦中浮現摯愛的妻子和兒女。一家人分散幾處，是他最深刻的牽掛。「家」出現了，成為品牌名字；英文「JIA」與中文同音。

他自己出了一道哲學命題，如何演繹「家」的現代涵義？從居住處所、社會單元、人心歸宿，跨越到生活美學和食材教育、環保生活，家的品牌意涵承載愈來愈多的意義。他認為，即使社會變遷、生活改變，家始終是人格形成的起點，躲避人生風雨的庇護之所。

蘇東坡詩句中的「此心安處是吾鄉」，讓長期「不在家」的林安鴻，體認到「活在當下，安頓身心，即使漂泊，也可以在家」。JIA 食器，是給家人共用的生活提案，也適合單人獨享。好比碗筷，家人圍桌，碗筷起落，吃的是菜飯，圓的是親情；個人單獨用餐，一手持碗，一手執筷，依舊成雙成對。

品牌十週年，林安鴻捐助成立基金會，支持「家文化」研究推廣，介紹給當代社會：香港學者趙廣超的器物著作《碗筷雙雙》，因而在基金會支持下問世。

JIA經典的蒸鍋蒸籠組，得過許多國際獎項。「蒸」是中國烹調的偉大發明，無數人心中的幸福感，連結著蒸氣騰騰的廚房裡，母親守候蒸籠的身影。中國湯品變化萬千，一桌好菜中央擺上湯盅，就此圓滿。蒸籠與湯鍋結合，帶來功能突破、烹調創新、色味融貫，也為和樂家庭的圍爐增添趣味。

林安鴻不斷嘗試「跨越與融合」。從代工跨到品牌，從傳統跨到創新，從東方跨到西方，多元的飲食文化與烹調習性，在跨越材質的設計裡融合。「家」，不就是跨越與融合的過程？出生、迎娶都是大喜事，因為新人進家門；新人融入而成新家，帶來家的生生不息。林安鴻念茲在茲，有緣同在一桌，共食就是一家。

（照片提供：JIA · 品家）

8……青草百寶：歷久彌新的群眾智慧

走進老濟安，首先看到吧檯；這是青草店裡不應該有的陳設。坐在吧檯後面微笑的帥哥，是小老闆王柏諺；如此朝氣的年輕人，通常也不會出現在傳統行業。我想，這家店的故事不簡單。

點了「烏蕨苦茶」。柏諺端上一尺見方的厚木板，角落擺了小陶杯，「這是聞香杯，裡面是艾絨，提神醒腦。」深深吸氣，香氣果真由鼻腔涼到了腦門。再端一只陶碗泡製「介茶」，三分鐘後，持另一只壺，繞著圈向碗裡注入苦茶。他說，這動作是為了產生攪拌效果。

我雙手捧碗，輕柔蒸氣帶出草香。淺嘗一口，直接感到苦，但這苦味清爽，不令人退縮。其他味道漸次浮展散開，淡微的甘甜在舌根留駐。柏諺介紹說，香氣來自五爪金英，苦參提供苦味，蒲公英給了甘味。一般喝青草茶，味道不會這麼多層次，關鍵就在介茶。

青草不經過發酵和焙製，氣味清淡；要沖出豐富味道，必須有介茶提味。柏諺的父親王榮貴，為了改良品茶方式，設計這味獨特的介茶。

王榮貴從小跟著家人經營青草店，將近半世紀的博學強記，滿腦子青草經。他說，以前很多客人懂草，來店指名購買；來自各家的實證經驗和效用情報，就在店裡集中和交換。以前店裡有上千種草，應付顧客各種需要；現在三、五百種就十分足夠，很多草沒人會用了。

王榮貴對青草用功頗深，一眼辨認品名；如何加工、如何使用、品質高低，如數家珍。但是，和他聊青草有條界線，就是不能談療效。「青草調理身體，但不是藥。」他認為，青草像蔬菜水果一樣自然。一般人都有些青菜水果常識，知道怎麼吃才健康，青草也該如此。王榮貴說，適當使用青草調理身體，新陳代謝好了，自然少生病。

以前人懂得用草，那是生活中流傳的智慧。現代買藥、就醫很方便，不流行抓草熬茶，祖輩的青草知識，在百姓家裡失傳了。讓青草飲料重新進入現代生活，則是柏諺的夢想。畢業後工作一陣子，因為父親召喚，想改變老店經營方式，柏諺回家和父親搭檔工作。

老濟安青草店經過改造，有了吧檯和茶譜。父親提供青草經驗，柏諺開發喝茶方法、照顧吧檯、和客人聊天。來客可以坐下，選一款茶飲，像工夫茶般地慢沖慢品，聽柏諺介紹青草故事；或是來點「祕密飲料」，看柏諺拿出雪克杯、擺出酒保架勢，快速搖出一杯冰涼草茶。

從賣草到品茶，是老濟安很大的突破。青草不是藥，但集中飲用，還是必須了解各種影響，這就需要對青草的熟悉，妥善搭配。此外，青草配合四季生長，不同時節品質不同，有時要量多，有時要煮久，全憑王榮貴的經驗判斷。

二〇一五年獲得諾貝爾醫學獎的中國科學家屠呦呦，從晉代古書讀到一行字，啟發萃取青蒿素的靈感，最終救治數百萬人性命。神農試百草，開啟中華醫學浩瀚天地，但還有更多青草功效，不見載於藥典，只流傳在民間。柏諺說，青草到處有，種類何其多！祖先傳下來的青草知識，蘊藏太多智慧。看到畢身投入的老行業走向衰微，他有著任重道遠的責任感。

走出老濟安，回眸再看，感覺好像《哈利波特》小說裡的魔法城堡。王榮貴是小說中的鄧不利多校長，守護著流傳千年的神祕知識；柏諺就像哈利波特，學著掌握這些神奇力量，開創青草世界的未來。

9 ⋯⋯ 燈燈相傳，心心相連

台北懷食料理餐廳「燈燈庵」，每次造訪都心曠神怡。嚴選當令食材，以季節為主題，每道菜都是風景。執行董事王劭仁介紹，燈燈庵「自然流」精神與「茶藝、陶藝、花藝、廚藝」合一的料理美學傳承自本店，更令我嚮往不已。

決定拜訪本店。那天從東京車站出發，經過拜島、換五日市線抵達終站秋留野，全程大約一個小時，從現代都會來到田園城鎮。走到燈燈庵樸拙厚實的木質大門前，樹蔭掩映，六月的初夏正午依舊溼涼。開敞的園門，一條向內的石徑彷彿走向森林；正要穿門而入，抬頭看見點亮的一球門燈。中午點燈？

想起「燈燈庵」店名典故來自《維摩詰經》，點亮智慧慈悲心燈向外傳播，一燈燃百燈、千燈，燈燈無盡。仰頭看燈，此時四下明亮，點燈其實為了照心、不是照路。這盞白畫明燈，頓時讓我感受到主人家的誠心款待。

餐廳主體建築是一棟近兩百歲的結實穀倉。走進玄關，首先入眼是陶藝展，食器和花器各個釉色雅潤、造型質樸。再往內，區隔的座席各有情調，不論哪個位置都有精巧花器，或在牆上、或在桌檯上，插著形態別致的綠草鮮花。

字跡秀逸的書法菜單，開頭寫著「水無月」，即盛夏來臨前的多雨六月。這天的佳餚，植物營造了鮮綠溼潤的初夏風景，例如竹籃裡的前菜，覆蓋了滾著水珠的芋葉，籃內碟碗襯著嫩青的蕨芽，像是夏日早晨的野餐。魚鮮料理「向附」，兩條手掌長度的烤紅鱒側躺在綠竹葉上，好似魚兒嬉戲清波。

燈燈庵的「自然流」料理，讓人口裡嘗的味與香、眼裡看的形與色，渾然一體地連結人與自然。

餐後前往黑茶屋，同家族的山里料理及茶屋。古雅房舍沿溪錯落分布，其中一間舊時染坊已近三百年。行走於步徑，林木蓊鬱、澗水潺流，清爽谷風順溪而來，吹得樹葉婆娑；

水邊岸石上還有三兩釣客持竿。欣賞山間植物茂盛自在地伸展，頓時覺悟，原來黑茶屋主人將室外自然移進屋內、端上餐桌，再引人來到自然親臨感受。

回到台北燈燈庵，和王劭仁分享本店參訪心得，但也更是不解，如此注重自然體驗的餐廳，竟然願意來台北鬧區開店？到底用了什麼方法說服對方，我請教王劭仁。只見他嚴肅回答：「孝行感動天！」

十五年前創業，計畫引進國外餐飲品牌，王劭仁訂下兩個選擇條件：對方擁有米其林星級，或創業五十年。五十年門檻來自實務經驗，他說：「企業經營五十年，文化、技術、底蘊才扎實。」

王劭仁在日本試吃四十多家高級餐廳，最後遇到黑茶屋，深深著迷；開始談合作卻一再碰壁，二代經營者拒絕授權；因為黑茶屋為了分享生活文化和自然生態而傳承，不是賣餐賺錢。

王劭仁搬出孝順父母般的態度，表現最大誠意。談到第三年，他讓終於讓對方相信「我會用保護自己生命的態度捍衛您的品牌」，雙方相擁而泣，展開長期的跨海合作。

口味、服務可以學習，精神和文化難以複製。黑茶屋旗下燈燈庵率先在台北開店，總店派來四藝兼備的主廚廣中新輝坐鎮。王劭仁輪流派送同仁前往日本，受訓期間三個月甚至半年，「時間夠久，文化體會才能深入。」他說。

台灣餐飲消費者正在改變，從吃熱鬧、比口味，逐漸升級到文化、生態、藝術搭配的五感體驗。比排場靠裝潢，比創意靠設計，比口味靠食材與廚技；講究文化體驗需要真心感受、真情相待，心心相連如同以燈傳燈。

「燈燈庵」始終明亮的門燈，想來也可以是餐飲經營學的一宗公案，等待有緣人體悟。

10 娘惹料理風：海峽華人的文化再現

進入二十一世紀以來，馬來西亞料理在台灣竄紅；餐廳名字、餐牌內容，經常見到「娘惹」。這並非偶然，而是娘惹文化從繁華、沒落到再復興，在大時代中載沉載浮的際遇顯現。

早年由福建、廣東出海下南洋的華人男性，在異鄉娶當地女子成家，所生子嗣男孩稱為「峇峇」，女孩為「娘惹」。經過幾個世代的繁衍，峇峇和娘惹在馬六甲海峽兩岸形成族群，又以新加坡、檳城和馬六甲較為密集。英國於十九世紀初在這裡建立海峽殖民地，所以峇峇和娘惹族群又被稱為「海峽華人」。

海峽華人即使不識中文，依舊珍惜中華文化的根源。因為能說英語和馬來語，在英國殖民時期，成為貿易和政治的中介，擁有特殊地位與資源。大約自一八二〇年到二十世紀中期，是海峽華人的輝煌年代，他們經商致富，將精緻生活文化推到高峰，也大力支持國父孫中山革命。

當時的小娘惹，必須精於縫繡和烹飪，才能嫁進好婆家。在男尊女卑的大家族，廚房裡巧手慧心的娘惹婆媳妯娌，透過烹飪展露才情；她們以中華料理為本，結合當地食材與馬來、印度、泰國料理特色，創造出工序繁複、色香味精巧的娘惹料理。

二戰之後，海峽華人特殊地位不再，富貴家族淪沒，娘惹菜隨之失落。直到新加坡獨立之後積極推崇海峽華人文化，娘惹菜出現了復興曙光。

娘惹食譜向來家傳不外授。新加坡前總理李光耀的母親在一九七四年出版《李夫人食譜》，首度讓神祕的娘惹菜公諸於世，而後娘惹餐館逐漸出現。二〇〇八年，新加坡電視台製作三十四集連續劇《小娘惹》，在東南亞造成轟動，娘惹文化受到重視，娘惹菜也成為時尚。如今娘惹料理進入高級餐館酒店，也激發更多創新；例如檳城「七間老屋」（Seven Terraces）精品旅館的餐廳，在古董環繞的空間，供應融合法式料理精神的娘惹菜，創造既現代又復古的無國界餐飲體驗。

娘惹菜被星、馬料理吸收，成為創新的傳統；在肉骨茶、海南雞飯、沙嗲之外，為邁向世界的星馬料理，增添了豐富的內涵與賣點。

馬來西亞小吃最著名的「叻沙」，以椰奶或咖哩、香料熬煮湯頭的海鮮麵，即源自娘惹料理。東南亞不同的口味習慣和物產，衍生出多種特色叻沙，例如檳城的亞參叻沙、新加坡加東叻沙、東馬叻沙，甚至泰國叻沙等。

品嘗馬來西亞叻沙或娘惹菜，口舌間的異國風情，需要歷史情懷的調味。這些來自南洋的食物，融入了幾世紀以來，華人下南洋的滄桑與風華。吃在口中、似曾相識的口味，是海外華人的濃重鄉愁，和不忘炎黃血脈的文化情懷。

11 ⋯⋯ 未來市：美感的矩陣

「未來市」開張在華山文創園區裡。大量白色和點點綠色，構成主要視覺印象；橫直排列的三十多個攤位，包括文創品牌和餐飲，來客穿梭其間，美好生活提案左右逢源。

「我不重複曾經做過的事！」創辦人汪麗琴解釋了「未來市」的出世。十八年打造「好樣VVG」經驗，她憑著美感直覺，運用不同主題搭配餐飲，例如圖書、藝術、糖果、裁縫、生活器物、工藝、園藝，甚至特色空間，創造好樣的多元風格，每次出手都令人驚豔。「未來市」則是她從好樣的軌道上岔出，一個創新的實驗。

在未來市見到一身白衣的汪麗琴，幾乎隱沒在相同色調的空間裡。「白色襯托主角。」

她說。這令我想到初次的見面，在朋友家聚會，她端來一鍋湯，朋友嘗了都讚美。她不疾不徐地說，食材很家常，除了花工夫熬煮，關鍵在鍋。湯的美味，令我從此記得那口琺瑯鑄鐵鍋的品牌「Le Creuset」。

環顧四周，善於用美感體驗創造品牌記憶的汪麗琴，這次玩什麼魔術？

「美感矩陣」是她的構想藍圖。多年累積的開店和展覽經驗，汪麗琴融合文創市集和精品商場，創造出「品牌市集」。在未來市，每家品牌一個攤位，透過攤位布置和商品選擇，呈現各自品牌特色。大小一致的攤位，每個都是美感單元，如矩陣似地棋盤排列，能夠因應場地條件靈活調度，最大彈性地應用空間，甚至從室內延展到戶外。

未來市的基本成員，都是汪麗琴選擇的文創品牌。她認為，好的文化與設計，不只有美感，還要有風格和態度，懷抱著超越市場價值的信念追求。未來市的加盟單位，產品包括生活用品、工藝、食品、餐飲等，每個品牌都有個性與主張。

穿梭在攤位間，不同的行進方向與順序，看到不同風景；這種展現方式新奇又有趣。在數學中，「矩陣」的內容組合，指向空間中的特定位置；眼前文創品牌構成的「美感矩陣」，指向了何處？想起汪麗琴說，好設計「必須能夠超越時間」，更能理解「未來市」

這個名稱，有著耐人尋味的涵義。商場空間和這些品牌的精神，帶領消費者超越當下，試探未來生活的美感想像。

在華山，未來市成為文創園區裡的小型文創博覽會，既是展，也是店，可以零售，可以下訂單，還有文創活動可以圍觀。汪麗琴打破商品混合陳列模式，讓品牌各自成為獨立主體，直接面對消費者。她說，唯有團結合作，小型文創品牌才能爭取注意、創造商機；結合網路與實體展售，未來市將要吸引關心生活美感、設計與文創的「人進來」，還要帶著這些品牌「貨出去」，走向亞洲與世界。

12 ……… 鹿野好茶：女兒的不懂，父親懂

黃昏，和林潮意踏著「上將茶園」草皮散步。四周林木圍繞，天空的藍灰色調襯著海岸山脈稜線，祥和又寧靜。他介紹水土保護、養育樹苗各種細節，處處是用心；畢竟年紀大了，一度準備賣掉茶園，帶太太去旅行享福。「現在女兒回來，地不賣了，」他比畫著大約占四分之一面積的土地說，「這區茶樹還要重新種。」

回屋內泡茶，林潮意談茶、談生活。也無風雨也無晴的淡然，是經歷過高峰和低谷的自在生命情境。

林潮意退伍後投入種茶，藉著自行研究和學習，二十八歲得到最高榮譽的神農獎。事

業正要起飛，位在關西的茶園卻被徵收，做為國道三號公路用地。失去土地的神農，林潮意遊走全台各茶區，尋找落腳之處，最後被鹿野茶香吸引，在此重新開始。但造化弄人，剛種新茶遇到颱風，接著又全部害病；轉種楊桃遇上價格崩盤，三十萬顆果實任其腐爛。種花外銷，第一批被颱風摧毀，第二批運到美國，因為九一一恐攻事件，貨不能上岸，再次血本無歸。

「那時走投無路，存摺只剩兩萬元，沒有收入還要養家！」朋友帶來希望，承諾在鹿野買地，再轉租給他種茶；好不容易土地交易談好了，朋友臨時反悔，地不買了。林潮意被迫貸款買下茶園，整地栽苗。隨著茶樹日漸茁壯，不安的心情才逐漸穩定。

林廷瑀是林潮意的次女，大學離家學美術，畢業後在台北工作。二〇一六年底，廷瑀回家創業，行銷父親的紅烏龍，品牌名稱很另類：女兒不懂茶。

林潮意疼小孩，從來不讓女兒插手田活。廷瑀說，以前只有不乖被罰，才會去茶園拔草。她從小看爸爸種茶、做茶，卻不了解茶，如今用「不懂」的態度重新學習，從爸爸的野視中，看到寬闊的茶世界，那裡太多有趣的事情等待發掘。

茶樹怕颱風？茶樹要保持距離？茶樹是雌雄同株？為什麼茶有蜜香？為什麼烏龍茶一

球一球的？採茶人為什麼戴斗笠？廷瑀開始她的「千萬個為什麼」，拿各種古怪題目問爸爸，再將題目和答案畫成圖文，分享在臉書和ＩＧ，也做為「女兒不懂茶」的包裝設計。這些古靈精怪的問答和插圖，讓每個茶袋裝滿的茶香，傳遞著知識、趣味和親情。

學茶不到一年，廷瑀拿下台東縣製茶比賽冠軍。「女兒的表現，滿意嗎？」我問林潮意。「她是茶園裡長大的！」語氣平淡，但眼睛的閃亮，是心裡藏不住的微笑。

李安電影《飲食男女》的結局，曾經失去味覺的廚師爸爸握著女兒的手說：「妳的湯，爸爸嘗到了！」湯的味道，融化了父女隔閡。在上將茶園，女兒忙進忙出張羅著設計、包裝、行銷，這些是林潮意陌生的領域；但「女兒不懂茶」其中的天真、對父親的敬愛與推崇，爸爸完全懂得。

13 椰漿飯：餐盤上的族群融合

在吉隆坡地標、國油雙塔的陽光廣場（SURIA KLCC）逛街，尋找海南雞飯。看到「關女士廚房」（Madam Kawn's），門口立著關女士親切圖像，很有好感，入內坐下。看著菜單，忘記原本在找海南雞飯，要了椰漿飯（Nasi Lemak）。

餐點上桌品嘗，看似簡單的組合，出乎意外好味道！香氣清雅的白米飯，可以將配菜黃瓜、魚干等隨意組合入口；尤其參巴醬（Sambal）的滋味，最是相見恨晚的惆悵與感動。

馬來文「Nasi」是米飯，「Lemak」是油脂，椰漿飯在馬來西亞很普遍，華人、印度人、馬來人都喜歡這道料理。雖然我常到馬來西亞旅遊，一向鍾情於海南雞飯和肉骨茶，後來又愛上娘惹菜，對椰漿飯始終沒有興趣。真的了解椰漿飯的文化意義，對它另眼看待而後念念不忘，是因為一部電影。

馬來西亞創作歌手黃志明自導自演的電影《辣死你媽》（Nasi Lemak 2.0），雖然劇情誇張，卻饒富寓意。故事敘述從中國學成歸鄉的廚師黃大俠，獨尊中華料理，看不起本地椰漿飯；但某次嘗試之後大為驚豔，千方百計想要偷學參巴醬。他接受小販檔老闆指點，四處求教辣醬做法，學習對象包括華人後代的峇峇與娘惹、印度人和馬來人。

以各民族配方混合調配參巴醬，黃大俠終於了解，不同文化各有所長，唯有包容接

納，才能共榮創新。而椰漿飯，因為融合著各民族的喜好，形成了跨種族的大眾化口味。

「關女士廚房」在吉隆坡有多家分店，椰漿飯是招牌餐點之一。白米泡過椰漿、加入東南亞常用的香草「班蘭葉」蒸熟，帶著淡雅草香和椰香。必要的配料如大黃瓜、水煮蛋、炸魚干都與一般做法相同，唯獨炸花生用肉鬆取代；主菜是肉質軟嫩的咖哩雞。叁巴醬混合多種辛香原料的香與辣，初嘗有點怪異；但細心品味，其中滋味豐富但和諧，忍不住一吃上癮。

大眾化的椰漿飯有各種吃法。陽春的，白飯加上叁巴醬、水煮蛋和花生，用香蕉葉包成三角錐，打開就是一餐。夜市、茶室或酒店與商場餐廳，不同氣氛裡的椰漿飯搭配不同配菜，由簡到奢，各有風華。

我曾經就像黃大俠，在馬來西亞這個多元文化國度，尋找華夏口味脈絡，或依循著不同文化背景區分，品嘗各種特色食物。直到椰漿飯帶給我新的體會，因為跨界混搭、兼容並蓄，反而得以超越藩籬，得到最普遍的認同。

一道沒有成見的飯食，自由搭配的香與辣，讓我見識到多元融合的美好；這是人類學家費孝通所期待的，各民族的美，彼此欣賞、協同共創，可以走向大同世界的「美美與共」。

14……刺鳥的浪漫碉堡

「么兩據點」迷彩碉堡，孤立在馬祖南竿島崖邊，從公路沿陡峭階梯直下，接近海邊才能抵達。這裡是「刺鳥咖啡書店」。傳說中的刺鳥，生命最終要找到一棵樹，以堅硬樹刺穿透胸膛，竭盡力氣唱出最後的美妙歌聲。

「刺鳥」典故來自著名小說，那是一個禁忌與情欲的故事。在這麼美的環境，將咖啡書店取名「刺鳥」，實在不太浪漫？正嘀咕著，看見在樹下泡茶的主人曹以雄起身走來，行動矯健，笑容滿面，一襲寬大唐衫，蓄著山羊鬍，灰白頭髮輝映著明亮陽光。

刺鳥咖啡書店主體是二層樓建築，據險而立，平視眺望北竿島，俯視周圍是怒濤拍岩的海岸。地下另有隧道，通往岩層深處的火砲掩體；更下層還有機槍堡。上到屋頂，有通道與另兩處碉堡相連。山側小徑入口吊著牌子寫著「地雷」，顯然主人還不打算開放。

「么兩據點」是剛硬隱蔽的軍事設施，如今毫無肅殺氣氛。曹以雄搬來舊桌、沙發、座燈、音響、茶具、書櫃，加上藏書和字畫，讓碉堡變成舒適書房。他每天遊走其間，在這個堡看書，去那個堡抽菸，到堡頂平台看海喝茶，躺上吊床吹海風。這樣的自在日子，除了生意清淡，似乎別無所求。

二十多年前初識曹以雄那天，他的身分是連江縣議員；聽他整晚談論馬祖社區營

造，全島如何轉型為人文公園。後來他當上文化局長，整修老屋聚落，推動碉堡再利用。他說，馬祖有九十多處軍事據點，很多精彩碉堡，「總要有人帶頭，善用這些獨特資源。」曹以雄退休後率先投入，赤手空拳地整理「么兩據點」，轉型為藝文沙龍。

「以後，每個碉堡都有不同的內容和故事，馬祖會是全世界最美的島嶼！」他說，馬祖就是一座天然大劇場，每個碉堡都是舞台。

他領著我上下穿梭，一堡一洞天；其中貼著「菸酒室」的碉堡門前，他指著一頁書法字跡自嘲說：「就是講我啊，老到退休，還來搞碉堡。哈哈，生無大志，買不起帝寶，最好住碉堡。」我看清那幾個字，寫著：「你要廉價的幸福還是高貴的痛苦」。這是俄國作家杜斯妥也夫斯基，寫在《地下室手記》的句子。

走到崖旁一棵大樹前停下，曹以雄說，這是他身後樹葬之所，「么兩據點是我人生最後一站。用盡力氣，留下最美的碉堡給後人！」我抬頭看這樹，頗像一根指向天際的刺。

剛踏進「刺鳥咖啡書店」，嫌這名稱不浪漫；經過一圈走看，不得不慚愧自省，是我對浪漫的想像太過膚淺。其實，「刺鳥」是曹以雄的自許，「么兩據點」是他終於找到的硬刺；奮不顧身的投入，是為了演出人生最浪漫的樂章！

15
酸柑茶：無用到大用

在苗栗旅行，遇到一間店裡店員推薦「老檬柑茶」；她說，客家人的習慣，遇上感冒、火氣大等不舒服，用熱水沖酸柑茶喝。看到盒裝的標貼上印著「存放三十八年」，我不禁好奇，這「老檬柑茶」有什麼故事？

店員說法不誇張。從前客家人生活在山區，就醫不便，酸柑茶是家庭必備良藥。酸柑茶製作耗工費時：碩大虎頭柑從蒂頭開一孔，挖出果肉、去籽再攪碎，拌入茶末後塞回，加蓋紮緊，反覆蒸曬，果實縮緊變色到硬如石、黑如墨。各家酸柑茶製法大同小異；但混入果肉用什麼茶、用哪些藥草加味，各有不同巧妙。

我買的這款「老檬柑茶」，出自苗栗獅潭鄉的月桂冠花園農莊，老闆范華達另外經營兩間「范頭家客家餐館」。范華達說，命名「老檬柑茶」，因為自家製作酸柑茶，加了曬乾的檸檬片、洛神花和山楂果；而且製成後都經過長期存放。

范華達的爺爺，早年種植大片虎頭柑，用來接枝長橘子；但虎頭柑野生長得快，每年有很多結果，不好吃、不好賣，也不捨得扔，就留著做酸柑茶。他說，即使現在不種橘子，為了保存酸柑茶傳統技術，每年向農友購買虎頭柑，加上自家契作的茶葉，做成酸柑茶存放。

酸柑茶既黑又硬，飲用前必須先用刀子、鐵鎚等工具敲碎或切成小塊，再以熱水沖泡。「老檬柑茶」以機器研磨酸柑茶，再裝入茶包，方便隨時飲用。

酸柑茶傳統做法須經「九蒸九曬」；范華達研究發現，傳統製程有其道理，關鍵是以水分控制發酵。果肉和茶葉填入虎頭柑之後，經過日曬開始發酵；因為水分流失，發酵尚未完成，加上果皮生霉，就用蒸氣還原水分，同時去霉。但加熱不能蒸熟，去霉殺菌後再搬到陽光下發酵，如此反覆直到完成。

酸柑茶製成後貯存幾年，風味更好；但貯存場所必須乾燥、通風，才不致受潮走味。

范華達保存著父親從前製作的大量酸柑茶，有些存放超過四十年，但他不急著賣，主要在自己店裡和少數通路銷售「老檬柑茶」。他說，虎頭柑的皮，乾燥後就是陳皮。陳皮愈老愈有價值，酸柑茶也一樣；既然製作目的不為賣錢，好東西更不怕久存，所以不擔心愈存愈多。

我用滾熱開水沖泡一杯老檬柑茶。湯色由清轉褐，聞著混有柑橘、檸檬氣味的清淡酸香，入口毫無苦澀，帶有像羅漢果般的微微甜感。想到莊子「無用之用」的故事，一棵樹長歪、不能用做建材而逃過砍伐，長成大樹供人遮蔭。從虎頭柑到酸柑茶，客家人因為惜物而「造物」、化「無用」為「大用」，這並不是仙人手指的點石成金，而是愛物情懷與生命智慧相融，生活經驗與創造力的積極實踐。

16 …………真珠般華麗的蛋糕

走進台南深藍咖啡館的旗艦店，好像經歷一場神話。造形張揚的清水模建築，像個半開的巨大貝殼；正門口圓型店標，是臥在蚌貝裡的真珠。暖陽輕風中，看著腳下水池倒映天光，我不禁神往，此地此刻，該有維納斯的誕生？

一對姊妹的好情感，交織出深藍咖啡館的生命。二十多年前，姊姊林昭吟接手經營一間賣套餐的網咖店。妹妹林美吟正在東京學設計，看到日本許多專業甜點咖啡館，相約昭吟前往觀摩。姊妹在東京吃著千層蛋糕，夢想開始萌芽。昭吟不懂甜點，從日本搬回食譜反覆練習；經過半年摸索，掌握關鍵技術，做出柔韌薄透的可麗餅，再堆疊成為千層蛋糕。

源自歐洲的可麗餅，麵粉加水、牛奶、雞蛋，不發酵直接烘烤，簡單的配方流傳一千多年，卻在日本發揚光大。多層可麗餅堆疊、薄餅間抹上奶油，就成為千層蛋糕；餅愈薄，層愈多，口感愈緊實濃郁，但要付出更多工時。深藍咖啡館用鐵鍋烘餅，薄可透光；奶油塗層輕匀，口感柔潤不溼膩。以重量做為標準，店裡的一個法式經典千層蛋糕，需要堆疊三十五到四十層薄餅！

美吟說，當初看上千層蛋糕，因為它美味，但做法耗時費力，料想不會有很多競爭者。深藍咖啡藉著千層蛋糕成功轉型，挺立南台灣；即使美國千層蛋糕名店來台拓展，眾多食客依舊鍾情於深藍咖啡館。

除了耐心，昭吟還有靈敏的味覺。為了得到滿意的食材，她花五年時間尋覓法國栗子，花十年找到高海拔無毒草莓，還用了來自大溪地的珍貴香草莢。食材保鮮同樣重要，牛奶、雞蛋、巧克力等，各自呵護在專屬冰箱。「長輩提醒，做生意這樣用料會虧本；但我必須對得起味覺。」昭吟說，店裡不會刻意標榜食材，只是盡心地表達誠意。

在深藍咖啡旗艦店，除了建築本體，從包材到裝潢的大小設計，展現林美吟留學十年、加上多年實務歷練的品味。外帶區冷藏櫃從日本訂製，不同口味的千層蛋糕、乳酪蛋糕、布丁蛋糕等，運氣好還有蘋果切片製作的甜點「一顆蘋果」，分別陳列在玻璃鐘罩裡，每一款都像精品般醒目。

挑個座位，選好甜點，服務員推來飛機用的餐車，蛋糕上桌正是最好的溫度。我從千層蛋糕尖端下手，以平鈍的叉子縱切，斷面的層層薄餅整齊乾淨。吃到蛋糕末端，圓弧邊緣依舊俐落，沒有過多的薄餅延展和垂覆。我拿叉子逐層挑起，吃一層，少一層，滿足感卻層層增加。

因為對一粒砂的不妥協，蚌貝以真珠質層層包覆，成就真珠的光潤與圓滿。為著口味的不妥協，千層蛋糕是耐心和毅力堆疊而成的美味。如真珠般華麗的千層蛋糕，是誕生在深藍咖啡館的維納斯。

17……大山北月：校長在微笑

漫畫家劉興欽作品《放牛校長與阿欽》裡的校長陳勝富，如果回到當年服務的學校，現在的「大山北月」，會感覺欣慰吧？我相信是的。

前往「大山北月」遇到豪雨。開車蜿蜒而行，雨刷只能間歇讓我分辨路況。「這種天氣上來，對嗎？」導航顯示著沒有盡頭的山路，我不免懷疑。

抵達「大山背客家人文生態館」，踏出車門已經淋溼半身；狼狽躲進廊下，緩過急促的呼吸，注意到眼前竟是如此祥和。乾暖黃色燈光，木製舊課桌椅，黑板和牆上寫著標語，地面畫著跳格子遊戲，棕色大狗正打著哈欠伸懶腰。這些校園景象，連結了我的童年記憶。

拉開課椅坐下，課本是大山北月介紹；老闆遞來考卷，瞬間緊張了一下，再看內容，是點餐的菜單。今日套餐，峨嵋東方美人茶、關西仙草、橫山窯烤麵包、竹東麻糬、北埔擂茶，展開在桌上，就是北段台三線公路之美。山上缺物資，但柑橘可以創意五吃：冰糖蜜橘、烤橘、桔香貝果、香桔茶、橘子大福，另外搭配橘子啤酒。

豐鄉國小大山背分校早已廢棄。莊凱詠因為就讀清華大學的研究所作業，來到這裡調查；後來鄉公所招租經營客家人文生態館，凱詠花盡積蓄、籌措五十萬元，租下校舍動手改造成為「大山北月」。他和女友吳宜靜在這裡經營餐飲、農產，規畫社區體驗課程和美感教育活動，向來客介紹山村的風土人情與物產。

出生大山背的劉興欽，幼時每天都要放牛；當時豐鄉國小大山背分校的校長陳勝富愛才，讓他牽牛到學校，上課時由校長代為看牛。有的學生帶來年幼弟妹，就由校長太太照顧。學生沒錢買書，就砍些藥草帶來學校，校長拿出去變賣籌錢，給學生買書籍文具。成名以後的劉興欽非常感念陳勝富，將溫馨的回憶畫成《放牛校長與阿欽》；這些故事如今繪在大山北月的牆上，傳頌著「放牛校長」的教育精神與感人事蹟。

黃狗過來拱我的手，期待和人親近。「住在山上，會無聊嗎？」我摸著乖順大狗，好奇地問凱詠。「不會啊，需要很多時間想事情、設計活動。」凱詠分享曾經設計舉辦的各種活動，顯然山居歲月並不清閒。

開業前六年，大山北月已經接待三十萬人次遊客，串連小農與商家建立市集，行銷了十萬斤以上的本地物產。凱詠積極分享大山北月經驗，四處演講超過三百場次，讓更多人因此認識大山背。

當年陳勝富校長志願入山教書，以教育改變偏鄉命運，讓困守山村的孩子走向世界。相隔七十年，凱詠以創業的膽識和企管知識，營造大山北月成為山間祕境，引導外面世界來到山村，分享這裡的純樸和善良。不同世代的熱血情懷，以同一棟校舍做為基地，期待轉化窮鄉僻壤成為世間淨土。

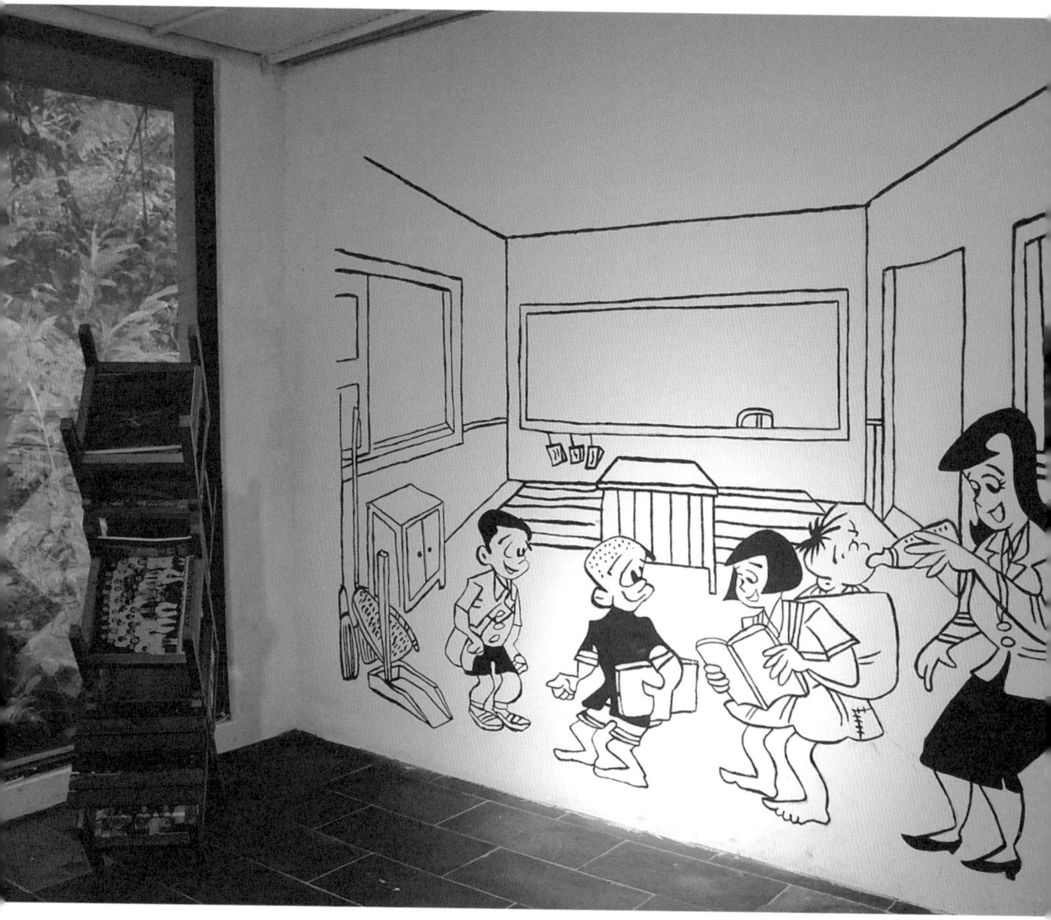

18 膽識加文化，賣一碗雲吞麵

宵夜拿出澳門買回來的「爺爺麵」解饞。包裝的麵線，像彈簧似整齊盤繞。放入滾水三分鐘，麵線軟化到隨波伸捲，筷子一提，竟將整把熟麵撈了起來，沒有丁點斷屑。淋上隨包附送的醬汁和蝦卵，挑起小撮品嘗，驚訝快煮麵能做到這樣工夫，均勻細緻、柔軟結實、口感飽滿。

在澳門，觀光客必到的議事亭前地，「黃枝記」門前經常擠著排隊人群。如此盛況，來自第二代傳人黃天的膽識。二〇〇〇年澳門剛回歸，經濟不振，遊人冷清，黃天判斷澳門未來經濟發展必定倚靠旅遊業。他決定到最有觀光潛力的地區開店。

黃天說，當時房屋仲介以為他搞笑，賣雲吞的店，在最貴的區域，和國際連鎖速食店搶租樓。順利租下店鋪之後，他將向來熱愛的明式家具和傳統建築風格，都融入這間店面的裝潢；牆上掛著日本二玄社精印的台北故宮名作複製畫；食客入座，奉上熱茶，桌面是印著黃枝記源流典故的餐紙。這些精心安排，果然讓黃枝記與眾不同。

黃天的父親黃煥枝，八十年前學得傳統竹升打麵技術，先在東莞創業，輾轉十多年後落腳澳門，在舊城區開業。手藝精純加上用料講究，很快成為知名店家。

黃天在兄弟中排行第三，早年赴日本求學，後來定居香港從事文史研究；但父親臨終，指名黃天接棒，老人家相信黃天能為老店開創新局。

黃天除了大膽投資、開立新店，更從日本請來烏冬麵達人改進傳統竹升麵。日本人能懂得竹升麵？面對各方懷疑，黃天堅持師法日本匠人精神，拆解傳統製麵流程，建立嚴格生產標準。如今黃枝記不斷海外展店，生麵產量提高但風味穩定，都來自生產流程標準化的功底。

慶祝開業七十年，手信包裝的「爺爺麵」問世。這名稱由來，是祖孫三代的溫情記憶。香港坊間製麵鹼水味重，與黃煥枝手作麵條口味不同；黃天的兒子黃與飛，幼時住香港，卻不吃香港麵，總是吵著要吃「爺爺麵」。黃煥枝疼愛孫兒，每到香港看望兒孫都帶上自家麵條，並且為了保鮮，行前用浴室裡的頭髮吹風筒仔細乾燥麵條。如今，第三代黃與飛繼承家業，重現兒時回憶，採用現代乾燥技術製作「爺爺麵」，讓黃枝記產品愛好者，都可以將竹升麵當手信帶走。

在離峰時段來到黃枝記，難得不排隊就得以入座近門口的桌檯，看著門外廣場上遊人如織。我再次瀏覽了餐墊上的黃枝記故事，還有黃天手書對聯「無酒安能邀月飲，有錢最好食雲吞」。看到櫃子裡「爺爺麵」的綠色紙盒，印著爺爺抱起孫兒的溫馨畫像，不禁會心一笑，好像看到黃家小孫子對著桌上港式雲吞麵大哭，吵著要吃爺爺麵的可愛模樣。

19 鮮乳坊的白色革命

相約見面那天，阿嘉讀完一百多本書。這是他的日常功課。

大動物獸醫龔建嘉，朋友口中的「阿嘉」，相信「一隻牛就是一本書」，牛肚子裡裝滿知識。要讀這本書並不容易，獸醫伸手穿過牛肛門、深入體內，用儀器讀取數據；過程中經常被排泄物噴得滿身。

台灣寵物醫生眾多，但缺乏大動物獸醫。一位乳牛獸醫平均照顧牛隻的數量，日本標準是一千頭，台灣現實是五千頭。阿嘉的醫療範圍包括彰化、雲林、嘉義、台南；台灣五百多家牧場，他曾經出診超過三百家。

牛奶來自乳牛分泌，牛隻飼養方式和健康條件，不但決定牛乳風味，更是潛在的食品安全風險。傳統食品業「混乳」的收購和銷售方式，不區分牛場和牛乳好壞，降低了酪農提升牛奶品質的意願。

二〇一五年，阿嘉在群眾募資發起「白色的力量，自己的牛奶自己救」，超過五千人參與，募資總額六百多萬元，催生了「鮮乳坊」。阿嘉的訴求很明確：台灣需要一場關於牛奶的「白色革命」，讓消費者喝到好牛奶，讓酪農得到合理待遇。

「單一乳源」是阿嘉的對策。運用「產銷履歷」概念，鮮乳坊選擇獸醫認證牧場，各農場的乳源分別加工和包裝，銷售末端直接送達消費者。這種違反傳統乳業的產銷方式，代表鮮乳坊要重建整個產銷鏈，成本非常高昂。

憑著五千多筆第一年的訂單支持，鮮乳坊開始營運，初期只配送牛奶給訂戶，後來許多營業場所主動「出借」冰箱給鮮乳坊，包括咖啡廳、補習班、辦公室、文創選物店等，以團購再分售方式成為代售點。台北市曾有兩百多個鮮乳坊的代售點，它們有個可愛的名字叫「奶頭」。鮮乳坊製作網路版「尋奶地圖」，讓消費者找到最方便購買的「奶頭」。

家樂福率先迎接鮮乳坊上架，由鮮乳坊提供來自雲林縣崙背鄉、單一乳源的「許慶良鮮乳」。酪農許慶良早年學獸醫，非常照顧牛隻；但他從來不敢奢想，自家牧場牛奶出現在超市貨架，而且用自己姓名做為品牌。

鮮乳坊為豐樂、嘉明、幸運兒、雙福等合作牧場安排通路的同時，愈來愈多主打單一牧場品牌的優質鮮乳，出現在各大零售通路。台灣鮮乳產業，因為鮮乳坊的攪動，確實產生了質變。

這場白色革命，讓消費者的群體自覺，轉化為支持優良酪農的具體行動。鮮乳坊再接再厲，推出「台灣第一瓶 A2β 酪蛋白鮮乳」集資專案，最後募得七百四十多萬元。鮮乳坊引進育種和養飼技術，經過三年努力，接近人類母乳的「A2β 酪蛋白鮮乳」上市，讓不能喝鮮乳的個人體質，也可以放心享受乳品。

二十年前，台灣有一千兩百家酪農場，現在只剩不到一半。市面上進口牛奶，飄洋過海而來，售價還比本地牛奶便宜。阿嘉說，進口牛奶的低價優勢，是本土酪農業的生存威脅；鮮乳坊將陪伴酪農，號召台灣民眾的集體力量，迎戰這場全球化的牛奶戰爭！

20 醋有情，梅有義：一味情義萬里緣

前陣子胃疾「火燒心」，朋友送我「2021老梅醬」。梅精、梅醋、梅酵素都吃過，明知梅子是好食物，但我並不善於吃酸，老梅醬放了一陣子才終於開罐；結果一吃成主顧，從此家裡少不了這一味。

拌沙拉、塗麵包、調優格，用蘿蔓、小黃瓜沾著吃，加氣泡水或茶調成飲品；甚至直接吃，各有不同風味。梅醬經過靜置久釀，早已柔軟了酸澀；融入陳年巴薩米克醋的甜酸，相得益彰。

我對這配方充滿好奇。終於見到企業創辦人簡添旭，問明白這配方的誕生背景，從義

大利到日本、再來台灣的歷程，以及「2021」的數字密碼。

日本和歌山一間製梅世家的傳人，熱愛工業設計；他放下家業，遠走義大利城市蒙地拿（Modena）深造。那裡是法拉利等多個超級跑車品牌的家鄉。

在蒙地拿，他遇上極品美味：巴薩米克醋，還發現巴薩米克醋非常適合和梅醬混合配搭。試驗各種組合之後，他找到美味配方的關鍵：第一是梅和醋的年份，都要用十年陳釀；第二是醋與梅「一比九」的比例。

找到美味配方，他卻無緣經營，因為先要投資十年釀製老梅，才有材料和陳醋混合、製造產品。但這個配方的故事，輾轉被來自台灣的簡添旭得知；而簡添旭因為懷念病逝父親，以及關懷山間種梅的原住民生活，早已投入釀梅事業多年，苦於缺乏適當的產品構想。簡添旭高價買下製作配方和技術，成為「2021 社會企業」的獨賣商品。

「2021」即省道 20 號和 21 號。高雄市那馬夏、甲仙和桃源三區，荖濃溪和楠梓仙溪切割山谷，省道 20 和 21 號（現改為 29 號）順著河廊蜿蜒修築，連結原住民的山上部落。簡添旭二〇〇二年開始採購這裡的青梅，逐年醃製梅醬。二〇〇九年莫拉克風災之後，簡添旭號召成立了「2021 社會企業」，以契作青梅協助災區產業重建。

「社會企業」要有社會關懷，更需要企業經營能力。簡添旭發揮科技產業經驗，規畫產業鏈和高規格工廠。考慮契作農友的生活需要，四月梅子採收之後立刻醃漬，公司支付第一筆費用。接下來四個月，農友各自忙於農務，直到秋風漸起，農友曬梅、製作梅胚，完成的梅胚送下山，再支領第二筆費用。

「不和老天搶路。」簡添旭說，夏天山區路況多，提供設備讓青梅就地加工醃漬，梅農就不必擔心路斷貨滯、血本無歸。2021 社會企業給付高於市價的契作金，保障農民收入，也確保農民以自然農法種植的青梅品質。「梅子夠純淨，才能陳年貯存。」他說。

和歌山的製梅世家子弟，放下家業追求理想，但他沒有忘本；半個地球之外的巴薩米克醋，意外成為他的鄉愁救贖。梅是恩義，醋是情懷，他結合兩者，既無愧家業，更不負自我。簡添旭因為思親而踏山尋梅，最後走出科技本業，推動「老梅經濟圈」保育山林生態，是由人情邁向了仁義。

2021 梅醋醬令我著迷，除了滋味，更因為背後的故事。這是兩位男子出入山林與世界、歷經事業與志業轉折，接力共創的情義傳奇。

美在城鄉

1 ………… 認同碎裂在城市變貌中

久居海外的朋友回來台北，我陪著去 101 大樓朝聖，吃飯逛街。夜晚走在信義區，感受人來人往的熱鬧，我正享受著春天夜晚的美麗，朋友嘆口氣說：「台北變了，愈來愈不像台北。」

台北該是什麼樣子？我納悶著。

朋友胸懷遠志，大學畢業後帶著打拚天下的豪情遠赴異邦。如今事業有成，青春已過，白髮初生。他期待回到台北，從城市紋理中讀取自己的青春記憶，無奈眼前景象卻已不復當年。而我，在台北居住、生活，伴隨著城市的變化成長，一切真實又自然。

朋友低吟著說：「我去過許多地方，比如巴黎、倫敦，隔了十幾年再去，還是很熟悉。歐洲、亞洲也有許多地方，時間停止在過去某個點上，經歷二、三十年，城鎮和街道都不會改變。」他環顧四周說：「我們在台北長大，好多記憶和台北連接。場景變了，我覺得自己的記憶好虛幻，不知是真是假。」

朋友的感想，很像文化地理學的開場白。他接著說：「台北的街道、建築，和很多城市很像。我知道這裡是台北，因為坐飛機又轉車，終點站告訴我台北到了。」

「但這裡的確是台北！」我說，眼睛望著 101 大樓的塔頂。「時間催促著改變發生，潮流是擋不住的。」說出這話的同時我已經後悔了，突然想到前幾天整理舊照片，看到年輕時在法國旅行拍攝的影像。

那趟旅行十六天，從台北到巴黎，再以逆時鐘方向繞行法國半圈。從巴黎出城的第二天，旅行團抵達聖米歇爾山（Mont-St.-Michel），那是整個行程最令我震撼的一個下午。

遠遠望去，孤立海中的島嶼和教堂建築矗立，帶著神聖氣質。教堂尖端的大天使高指入雲，背後襯著藍天大海和白雲滾動。這幅景象，早已在媒體看過許多回，有緣親自站在它的面前眺望，感覺如夢似幻。

時間已到傍晚，法國太陽仍然斜掛當空，金色光芒柔和地染紅了古老石城。順著石徑向上走，兩旁店家擺出眾多紀念品，觀光區的習性全世界一致。再往上，遊人少了，我聽到自己在石階上的踏腳聲、沿著牆壁傳來的海濤低吼，感覺風吹過臉上的力道，思緒早已跌到中古世紀，幻想自己身為這裡一名遠離俗塵的修士，或被迫拘禁的囚犯。

整座石山修成之後數百年至今，大致維持不變的面貌。手撫過風化石壁，粗糙質感帶我穿越來世今生。我想，如果前世曾經在這裡停留，潛意識中的印象一定會被喚醒，新舊印象交疊，透過時空拼貼，印證自己的確存在。

那一次旅行歐洲，對於空間能夠穿透流動的時間而超然存在，充滿著敬意；聖米歇爾山因而成為我生命中難以忘懷的震撼。後來藉由旅行，再走訪許多古城，看見在今日之中存在的昔日，相信空間可以脫離時間而獨立；但關鍵是人的審美意志，以及對於歷史和記憶的態度選擇。

「我們人，即使全身細胞都替換過了，我們還是知道自己是誰。為什麼？」我搖搖頭面對朋友的問題，但這個問題的確很有意思。他停下腳步說：「因為記憶的延續，讓我們知道一路如何走來。例如我手臂上的疤痕來自八歲時的車禍，天氣變化時隱隱作痛的膝

蓋是大學踢足球的舊傷，不敢吃蝦是因為曾經過敏惹得全身紅癢……這些記憶連結身體和知覺，證明自己存在。城市也一樣，改變的空間讓記憶失去標的，人從此遺失了城市的認同。」也許明早又要離開台北，朋友今夜格外多愁善感。

他的感嘆我了解。在台北出生長大，太多記憶附著在城市形體上，經常約會的咖啡廳、和死黨鬥牛的籃球場、年輕時深夜流連的撞球店、考試前每天報到的圖書館等，這些空間早已消逝在城市發展的過程中。我在街上走著，忽然懷疑自己的記憶會不會都只是幻想，

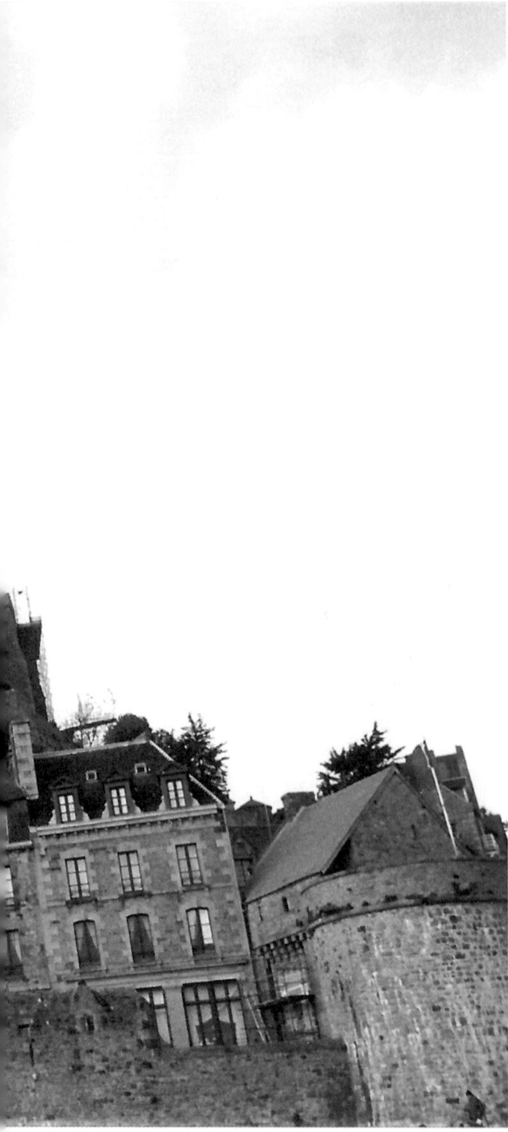

而我根本早已失憶？如何證明自己記憶的真實？

送朋友回旅館後搭捷運回家，經過一站又一站。看著站名閃過，我突然理解，城市發展讓許多舊事物消失，換來空間容納新事物；新事物一旦出現，會成為另一代人的記憶。如同捷運車站，並不屬於我的童年，中華商場才是；但我兒子的童年記憶裡，始終保存著文湖線、板南線的許多站名。

城市轉型，來不及停下腳步讓人懷舊。古蹟保存不只因為文化價值，它更是情感的連繫，那是自我認同的記號，就像父母為夜歸孩子留的一盞燈，標示著家的方向。記憶一筆一筆刻畫在都市的容顏之中，哪怕只是飄散空中的氣味，只要鄉愁得以附著，認同就因此而堅定。

連接青春記憶的鄉愁總是美好的。回不去當年，但可以珍惜當下，看看我們生活的城市，它的美始終存在，只需要我們用心去認識。

2……美在「有意的無意」

迪化街多了間小博物館：迪化二〇七。創辦人陳國慈從兩廳院董事長退休，她告別宏偉殿堂，來到庶民巷弄，服務對象從舞台上的表演藝術家、舒適座席上的購票觀眾，轉換為散步經過大街的百姓。

開幕第一檔展覽：磨石子。地板上的磨石子，曾在台灣流行一時。物換星移，如今家宅樓

宇鮮少使用磨石子，這門手藝逐漸式微。

展覽呈現了磨石子材料和工法，收集自各地的圖形。也有設計師別出心裁，用磨石子圖案開發的產品。走賞其間，不禁讚嘆，這行業真是門工藝，老師傅要有技術，還要有創意和美感。

「迪化二〇七」現址曾是中藥行，翻修後保留地面上舊有的磨石圖案。門口有圓胖的蜜蜂；入口地面的人蔘，長度幾達兩米，生動靈活又應景。二樓地上是一串飽滿的紫葡萄，顏色依舊亮麗，是主人家多子多孫的期待。

磨石圖案是一種「有意的無意」之美。它平貼地面，不留意就踩過去，但製作費工費材。先在地面用銅線箍出圖形，填入染色水泥和石子，再仔細磨平。講究的業主請匠師打造特有圖案，成為房宅的裝飾符號。它是內斂的品味彰顯，絲毫不給人壓迫的存在。

從「迪化二〇七」的簡潔、磨石子主題的巧心，我也看到陳國慈一向「有意的無意」。她經營「台北故事館」十多年，小巧洋樓、雅致花園，沒有任何爭奇鬥豔。園子裡花樹、庭石，房子裡陳設、動線，一切自然到不讓人看出來，這些都是精心設計的成果。有意的無意，讓美感輕淡地存在，不給人壓力。

曾經令我印象最深刻，是一盆雙手合掌大小的蘭花，位在陳國慈經營的台北故事館樓梯角落。那道樓梯陡斜，拾級登上，上層梯級近迫在人的面前。就在這樓梯，中間高度某一層地板角落，放著一盆蘭花。誰會把盆花放樓梯上？但這樓梯近旁的窗光，自然亮度照在深色木製階梯層級上，剛好突顯了蘭花的淡粉色彩。

每次登樓，腳下戰戰兢兢；抬眼看到蘭花，頓時心頭一鬆。它就像是隨手放在那的，那麼無心，卻又那麼剛好。直到有一回請教了陳國慈，才知道這是她安設的風景。

「迪化二〇七」二樓深處，轉往三樓的牆面上，嵌著木製層架，暗棕色油漆沉亮。開幕這天，層板空著；說空無一物並不精確，眼睛一掃，平視高度的層架內側角落，有一小盆蘭花在光線和層架陰影的交界處，剛好看得見，又不會突顯。

我深吸一口氣，會心了。我相信，這花，並非哪位粗心同仁，無心遺落在層櫃的一角。那是陳國慈刻意放的。不知道這座層架日後有什麼用途，此刻，再一次讓我看到「有意的無意」；對比於空間主人費盡匠心的華美設計，「有意的無意」讓我感動，也更讓我感謝。

3……迷途桃花源：那片最美的屋頂

二〇〇一年春夏之交，因為公務到檳城停留九天。我對檳城完全陌生，依稀記得國中地理課本寫著：檳城所在的檳榔嶼，位在馬六甲海峽北端，扼住海峽咽喉。從地圖上看，海島像隻海龜，頭、四肢和尾巴只探出殼外一半。

來時頗不情願，檳城從來不在我的旅遊計畫中。待我用雙腳一遍遍踏過老城區街巷，欣賞老屋在晨曦和黃昏中變幻的容顏，最後竟然捨不得離開。

來到檳城才知道，島上竟然有一萬二千多間華人街屋，是東南亞最大的華人傳統建築聚落群。

俯看整片華人老宅，實在教人讚嘆。到檳城頭幾天，住在老城邊上一棟旅館高樓層，從廿三樓向外望，層層疊疊的屋頂緊挨著，被大街小巷圈成幾個區塊。我經常望著這整片大小不一的屋頂入神，不斷在腦中搜尋所有讀過的傳統市街發展理論，想印證眼前景象。

早上還不太熱，或下午氣溫降低以後，我會走到城市中，一條街一條街地巡視街屋。老屋立面滿是中華文化符號，標準閩南、廣東式建築，張掛著漢字書法對聯和店號。我參觀老屋、光顧店攤、走訪社群組織機構，踏過每一條姓氏橋，[1] 偶爾也在朋友帶領下逛進墓園，慢慢拼湊出華人下南洋的歷史圖像。

明朝以後，中國東南沿海的住民，帶著改善生活、衣錦榮歸的夢想，飄洋過海下南洋。終於平安登岸，為了安居，以家鄉習性蓋成房子，抵禦異邦的烈日驟雨，也化解失根的流離悲苦。

被列強欺凌的中國，遍地動亂饑荒；同時期歐洲殖民者在東南亞快速開發，極度欠缺人工，吸引華人呼朋引伴走向海洋，在陌生的彼岸登陸。他們並不孤單無依，同鄉會和「公司」建立了網絡，組成海外的華人社會。即使今天，檳城的深深巷弄中，華人宗祠、曾經做為公司的會館，建築依然挺立，標誌著海外華人百年來的矛盾：心懷故土，卻又期望「接枝」，在異地繁衍子孫。這種情結，華人墓碑表現得最為明白，即使長眠於異土，也不能忘記來自何方。

墓園是收藏祕密的禁地，為探究真相的行動提供線索。檳城的華人墓園，是一本超時空族譜；而洋人墓園，則是偵探小說場景。罕有人至的洋人墓園，百年樹木成蔭，埋著開發檳城的英國萊特船長。幾步之外另一墓，長眠著安娜女士的先生。這位安娜，喪夫之後去到泰國，成為泰王拉瑪四世的宮中家庭教師，小說家根據這段故事，寫下《安娜與國王》。小說中的寡婦安娜，先生死在新加坡；作家說服了全世界讀者，但是這座墓，沉默記錄著真相。

一九九九年十二月，港星周潤發和美國影星茱蒂．佛斯特主演的電影《安娜與國王》上映。早前這部電影被泰國拒絕入境拍片，轉到檳城取景。當地歷史老師吳美潤，受聘擔任導覽兼顧問，她翻讀劇本，注意到其中一段情節：「安娜的先生死在新加坡……」

吳美潤帶著導演造訪墓地，證明小說偏離史實；導演既要尊重原著，又不想違背歷史，技巧地修改了劇本。於是，電影中問到安娜去世的先生，茱蒂．佛斯特仰起動人的美麗臉龐，溫柔地說：「他死在我懷裡。」

最動人的美麗，往往來自錯誤；超越理性範圍的因，得到難以被期待的果。檳城萬餘間老屋得以保存至今，當地朋友向我形容，是一個「美麗的錯誤」。二戰後民生凋敝，檳城政府為了照顧中下階層居民，頒布《屋租統治法令》，規定所有建於戰前的老屋不得調漲房租，不能藉故驅逐租戶。善意的法令，歷經城市四十年的演變之後，完全走調。

檳城一棟老屋月租金一、二百元馬幣，換算台幣不到二千元，從戰後維持到廿紀末。《屋租統治法令》規定，只要租約存在，法令永遠生效。某甲向某乙租屋簽下的合約，雙方後代必須世代繼承。意外的結果發生了，有些地段愈來愈繁榮，甲的後代改當二房東，提高租金再轉租他人，但依合約付給乙方的租金維持不變，牟取差價的暴利。乙方後代不服氣，最多只能消極抵抗，拒絕維修老宅；二房東坐享其成，只求房子不倒，導致眾多老屋陳舊失修，顫顫巍巍令人心驚。

《屋租統治法令》終於在二〇〇〇年廢除，房屋所有者按市價訂租，行情一夜飛漲數倍。繁華地區的商家租戶，還能夠應付租金調漲，窮苦百姓頓時走投無路。以收不到租金為由，一些屋主強制房客遷出；急於拆屋改建的業主，利用各種手段，處心積慮收回房子。

政府沒有為弱勢者提供替代收容方案，引爆了社會問題。二〇〇〇年三月，一位貧苦老婦被壯漢抬出居住四十年的家，和殘破家當一起扔在街上，禁不住老淚縱橫；畫面透過媒體報導，激起檳城青年黃文強憤慨，帶頭展開自救，爭取弱勢百姓的居住權。馬來西亞不允許群眾運動，黃文強的奮不顧身，得到輿論大力支持，政府被迫推出配套辦法，提供屋主低利息的修繕貸款，條件是三年內不得驅逐房客。這項辦法暫時解決了部分問題，但如果沒有新的措施，也只是爭取到三年緩衝。

我對檳城最深刻的印象，是陽光下的那一片屋頂，和一朵大白雲。那個陽光燦爛的早上，我守在窗前，看著遠方一朵如巨大雪人的雲；我拿著相機，等待它飄移到最好的位置，讓我拍一張藍天白雲為底，遠方跨海大橋為背景，片片屋頂如波浪起伏的精彩照片。白雲前進速度緩慢，我守著雲，看著屋頂，甚至為此錯過午餐，但它卻在到達預想的完美定位之前，碎裂，變形。悵然之餘我才驚醒，一朵雲碎了，還有無數的雲會出現。百年老屋碎了，華人遷移歷史不會重演，老街永遠不再復原。因為錯誤而留下了屋頂的美麗，回到現實的理性，反而不應該存在。

飛機載來觀光客，為老城啟動經濟活力；財團嗅到商機，磨刀霍霍準備大肆開發。住民守了舊宅幾十年，渴望享受新式樓房的廁所和冷氣。地方政府要保存古城風貌、維持觀光命脈，但來自開發商的巨大壓力和民眾低落的保存意願，逼得政府步步妥協。

整理行李準備退房，我再望著屋頂，想起陶淵明的《桃花源記》，一旦離開之後，永遠無法再訪。我下次再來，這些屋頂還在嗎？有朋友估計三年，也有人說五年，檳城會進入全面開發，喬治市老街區早晚會全面翻新；映照在燦爛陽光底下的，將是嶄新的鋼骨大樓和明豔的玻璃帷幕。沒有了老街屋頂，伸展遲暮軀殼曬著太陽，檳城的故事，要怎麼再說下去呢？[2]

1 檳城喬治市東北部的獨特民居。十九世紀以後來到檳城的華人，分成不同姓氏將住屋建在海上，由岸邊向外延伸，以橋相連，故稱姓氏橋。

2 本文是二〇〇一年的檳城旅行紀錄。但檳城命運在二〇〇八年出現戲劇化轉變。因為和馬六甲共同被聯合國指定為世界文化遺產，政府和民間參與老城保護和建設，老城區得以維持原來的風貌；許多舊建築外觀不變，經過結構加強和內部重新設計裝修，成為時髦舒適的現代空間，提供各種旅遊、消費服務，老街風貌也得以保存。檳城自從二〇〇八年以後，多次被評選為全球最佳旅遊城市、最佳宜居城市。

4……馬六甲找峇峇

「你一定中了蠱！」朋友嘲笑著我，竟然如此對馬六甲念念不忘。

從來不信邪，電影中那些裝神弄鬼的「蠱」，自然不當一回事。但說不上來為什麼，一九九八年很不情願地去了一趟馬來西亞出差，卻從此教我念念不忘，特別是馬六甲。是「峇峇」嗎？我想，應該是峇峇的故事，讓我難以忘懷。

那年夏天出差，搭飛機抵達吉隆坡機場前，心中還在嘀咕著：來這地方做什麼？我想去的地方是東京、倫敦、紐約、巴黎，甚至去香港也勝過吉隆坡。出發前新買的旅遊書，都懶得翻閱。朋友亞才載我去市區繞了一圈，坐在車上，驚訝地看著吉隆坡的現代高樓和路樹。樹真大呢！不是一兩棵，城市裡到處是大樹。

更令我意外的是，隨處可見中文，華人集中的茨廠街附近，幾條街面上的店招都寫中文字。早聽說馬來西亞人口有三分之一是華人，見到中文理所當然；處在異國社會，到處聽到華語、看到正體中文字，還是驚訝。

「在首都，看不到一個國家的全部。」我對亞才說。對馬來西亞的好奇，開始多過排斥。

「明天帶你去馬六甲！」馬六甲？我困惑地回應說，台灣的歷史和地理教科書只有「麻六甲」。

亞才是台灣大學歷史系高材生，對台灣通用「麻六甲」的寫法不以為然。都是寫華文，為什麼不尊重當地華人「馬六甲」的用法？「不過，這也是個文化和歷史問題。」他下了結論，我似懂非懂地點點頭。

前往馬六甲的車程，亞才追溯馬六甲的華人歷史，從鄭和下西洋開始講起。馬六甲海峽是古代船隊的必經航道，不僅鄭和船隊曾經駐紮馬六甲，葡萄牙人更佔領過馬六甲。有關南洋的消息，隨著船隊被帶回中土，不斷有華人為了躲避戰禍、追求美夢，渡海到南洋找機會。馬六甲海峽的航行停泊站，北端檳榔嶼、中央的馬六甲和南端新加坡，都聚集了不少華人。

許多華人男子隻身到南洋，為了成家立業，娶土著馬來人為妻。華人男子和馬來女子結婚所生孩子，男孩稱「baba」（峇峇），女孩為「nyonya」（娘惹）。由於檳城、新加坡和馬六甲三地統稱為「海峽殖民地」，集中在這裡的峇峇和娘惹族群，因此被稱為「海峽華人」。

在馬六甲，我認識了一位身世特殊的小峇峇；嚴格說，我還來不及見到他出生，也許是位小娘惹。他是現代社會的族群融合故事。

我的馬六甲朋友阿萬，帶我去了一個華人經營的茶檔。所謂茶檔，就是賣拉茶和薄餅的小食店，通常晚上才擺檔營業，在大樹下、街頭空地排開桌椅做生意。雖然薄餅是印度食物，「拉茶」也是印度人泡茶方式，從北到南大部分茶檔都由馬來人經營；印度人經營茶檔也有，華人開的茶檔很少見。阿萬說，茶檔是擺在路邊的「路霸」，如果華人開店，而且生意很好，可能招惹眼紅的馬來人。這家馬六甲的華人茶檔生意很好，是難得的例外。

晚上接近十一點，馬六甲古城一片寂靜，城中心不遠處的這家茶檔，生意鼎沸。二、三十張桌子排在街上，空桌很快就補上人客。阿萬指著年輕店東告訴我，那是小學同學阿強；等一下走過來點餐的服務員，是阿強的太太。

年輕馬來姑娘走了過來，右手托著兩個相疊的小鐵盆，左手擺啊擺地，為大腹便便的身軀保持平衡。阿萬點餐時，我看著馬來姑娘，皮膚相當白，下巴尖細、大眼線眉，長得很標致。她拿出一疊巴掌大的白紙，撕下細細一條，密密麻麻地填上我們的餐點和飲料，然後又托起小盆，擺啊擺地走向櫃檯。我望著她原本應該十分苗條的背影，猜想這身孕至少六個月了。

「阿強好像才剛結婚，不過他沒有通知我們。」阿萬打斷我的思路。他和阿強都是二十歲。

阿強家裡原本開茶檔，是菜市場中的小攤，生意不好。阿強認識這位馬來妹，原來壓根兒沒想要結婚，不過交個朋友罷了。也不知道怎麼回事，一個血氣方剛，一個情竇初開，小咨咨（或小娘惹）就懷在女孩肚子裡。女孩的父親是位警察，極為生氣，要阿強和女兒結婚，不然就等著進監獄。

華人男子娶馬來女子，依習俗要入贅，改華姓華名為馬來姓名，從此效忠阿拉。

阿強沒辦法拒絕，只好答應入贅。同時發生另一件事，市場失火，阿強家的茶檔燒了，原本家境清寒的阿強走無投無路。幸好朋友家裡有間小店，暫時借給阿強應急。這店面就是眼前露天茶檔的廚房和櫃檯，雖然不大，卻比市場攤位好得多。

阿強無奈結了婚，換地方重開茶檔，十分沮喪。沒有想到新茶檔風水不錯，華人很捧場，生意愈做愈順。馬來老闆娘非常能幹，招呼客人點餐、收帳，打理外場十分周到；阿強負責廚房，請了人幫忙打工，除了馬來、印度食物，也提供華人炒麵、炒粿條等等。

他們的店，每到晚上就占滿半條街。「沒有招惹麻煩嗎？」我自以為聰明地問阿萬。他四周張望一下，指著一位胖胖的馬來人男士說：「他是新娘的父親。」一會兒又指另一位女士：「她是新娘的媽。」後面洗碗的，是新娘的伯母。重點是，新娘的警察老爸天天在店裡坐著，哪有人敢造反？女孩家人大舉參與，這間店也難說是華人或馬來人的店。反正都入贅了，店是誰的還不一樣？

馬來姑娘一擺一擺地走過來收帳。站定後，她一手扶著桌子，看起來很疲累。

她放下相疊的鐵盆，我才看到其中乾坤，原來上層放著零錢硬幣，紙鈔放在下層，上面盆子剛好壓住下層。她找出我們點餐的紙條，收了錢，支著腰，一擺一擺地招呼下一桌。

我小聲告訴阿萬，阿強不應該三心二意，他雖然入贅，但命還真的不差呢。

再過不久，阿強家的小峇峇要出生了。儘管時代不同，峇峇與娘惹的身世，都是離散與相遇的動人故事。異民族和異文化之間的結合，不論文明如何進化，始終存在鴻溝，等待愛與勇氣的跨越。

5 守望老街的地理學家

到馬六甲老街旅遊，絕對不會錯過「地理學家」咖啡廳（Geographer Cafe）。它位在街口轉角，荷蘭風格與南洋風情融合的外觀獨特醒目；每到夜晚，流瀉的現場音樂和燈光，讓它成為老街的活力中樞。

一九九九年的馬六甲，金融風暴造成的蕭條尚未復甦，眾多老屋大宅閒置。從鄭和下西洋以來，華人在馬六甲生活已經超過五百年，街廓屋宅儘管多處傾頹，仍有說不盡的故事。但當時老城沒落、夜晚漆黑、遊人絕跡。

曾昭明歷經四海航行，到訪過許多國際都會，對家鄉老城的荒涼格外痛心。他設想開

地理學家
Happy New Year
2018
Year of the Dog
忠義人增壽
戊戌狗添福
GEOGRAPHER

一家有音樂演出的咖啡廳，吸引遊客落腳，引導遊客探索老城。他和朋友接手一家停業的茶室，整修過程保存舊結構再加入新設計，「地理學家」咖啡廳在一九九九年八月開幕。

經營事業和支持教育，已經占滿曾昭明的人生，為了老屋和老城，他又踏進餐飲業。但他當時已經很清楚，經營「地理學家」的目標不是開餐廳，而是提供文化價值和生活風格的「文化產業」。

理想很好，但開幕初期，地理學家不被看好。除了經濟谷底的現實，咖啡廳孤立在傳統舊街，每天開門面對冷清。

二〇〇〇年初，電影《夏日麼麼茶》到馬來西亞拍攝，男女主角任賢齊、鄭秀文在地理學家二樓取景，演出情感與利益的一場衝突。這段對手戲是劇情中的關鍵轉折；後來隨著電影走紅，改變了咖啡店的命運。同時期為了振興觀光，當地議員從台灣夜市得到靈感，號召封街舉辦週末夜市，雖然引起很大爭議，但的確帶來觀光客。二〇〇八年，馬六甲和檳城聯合申請世界遺產成功，老城徹底翻身，地理學家咖啡館成為老城最顯著的地標。

這間咖啡館還有一個令人捏把冷汗的堅持，就是不供應紅肉。曾昭明吃素，與股東協商菜單的最大讓步，是容許一半的菜單可以有雞肉或海鮮。曾昭明說，開餐廳要滿足客人口味，話是不錯，「但吃東西為了舌頭，還是為了活命？」他說，現代人已經吃下了太多工業產品，破壞了味覺，也犧牲了健康。地理學家使用天然食材，自己做豆腐、發豆芽、種椰子，以黃糖和海鹽取代精製白糖、白鹽。店裡的椰漿飯換用糙米飯，配菜改以發酵黃豆餅「天貝」取代肉類。近年更將葷、素廚房分離，讓茹素食客也可以放心用餐。

觀光客只是萍水相逢，也許一生只會來一次；但曾昭明說，因為主要客人是外地遊客，準備食物必須更加用心。出外不比在家，如果飲食不適應，打亂行程與遊興，會非常沮喪。

如今的馬六甲老街，商店比鄰，熱鬧興旺。地理學家咖啡廳從天真的理想出發，超過二十年的堅持，成為老街不可或缺的風景。它如同一座燈塔，守護著老屋、標幟著老街，也照顧著遠來的遊客，讓馬六甲老街成為旅遊地圖的亮點。

6 欲望摩天輪

外地朋友來台北，想帶家人乘坐摩天輪，問我是否同行。我想了想說：「你們去吧！我在外頭等。」心中嘀咕著，摩天輪究竟哪裡好玩？

這座二〇〇四年十一月啟用的摩天輪，位在台北新潮購物中心「美麗華百樂園」。它不是台灣第一座摩天輪，七十五公尺的直徑也並非台灣最大，但由於隔著松山機場面向市區，夜晚燈火燦爛而沒有屏障遮蔽，顯得格外浪漫。

摩天輪有四十八個車廂，由於建在購物中心五樓之上，頂端距地面約有一百公尺。開幕後民眾反應熱烈，每到假日大排長龍，平均等上一個多小時，只為了十七分鐘的升起和

降落。摩天輪的投資，運轉一年多已經回收。

除了競相建設摩天大樓，摩天輪成為另一個都市競爭項目。在台灣，美麗華百樂園摩天輪之後，高雄及台北都有廠商宣布興建摩天輪；其他亞洲城市，新加坡、廣州、上海、北京、青島甚至莫斯科，陸續公布摩天輪興建計畫，甚至競爭激烈的市長選戰，摩天輪也能成為熱門話題。

據說，一百多年前美國工程師為了和法國巴黎鐵塔別苗頭，想出摩天輪這主意。艾菲爾鐵塔龐然巨物，全世界至今只有一座；摩天輪散布全球都市和遊樂場，帶來無數歡笑，美國工程師當年賭的這口氣，看來至少沒輸。

夜晚時分，我在美麗華百樂園附近等著朋友，抬頭看摩天輪，霓虹燈光秀正上演，變換的色彩為夜空暈染了魔幻的華麗。正望著出神，突然接到朋友電話，從摩天輪頂端傳來的興奮聲音說：正在欣賞台北 101 大樓，明耀得如同點燃的巨大火花筒。

我跟著轉頭仰望河對岸的 101 大樓，清朗夜空下如同光雕作品。想起曾在夜晚登上 101 高樓遠眺，首先尋找的就是位在內湖的摩天輪。這一直、一圓兩個建築，竟互相輝映著一場共謀。

夜晚華麗的摩天輪和 101 大樓，都是貴氣商場的地標、指引人潮靠近的燈塔、誘使群眾消費欲望膨脹的餌。我想到捕蚊燈，黑暗中幽幽微光召喚蚊蟲接近，然後「啪」的一聲，放電擊斃進入範圍的蚊蟲。

仔細回想曾經去過的城市，每個商業大街的夜晚，莫不燈火明亮；曾經客居的澳門更是極致，路氹金光大道的賭場雲集，有縮小的巴黎鐵塔，也有架在建築上的摩天輪，每到夜晚燈光華麗、色彩變幻；這些燈光之下，是每日巨量賭金進出，多少人在此傾家蕩產，人生就此拐彎。

和朋友見了面，孩子對剛才的摩天輪體驗還很雀躍，要爸爸答應下次再來。我告訴朋友，這摩天輪我很抗拒，還沒有試過；我不想變成捕蚊燈上的獵物。他不可思議地看著我說：「至少，帶你兒子玩一次吧？」

這是個好主意，想起來帶著兒子在日本橫濱、東京台場搭摩天輪的情景。孩子的世界單純多了，摩天輪就是可以居高遠眺的私密空間，體驗「欲窮千里目，更上一層樓」的奇幻乘具。

7……華西街的身世與傳奇

二〇二一年疫情稍緩的假日下午，我從西門紅樓一路散步走到龍山寺。熟悉的街區裡，多了一些我不熟悉的氣氛。

幾個月前，這裡是疫情新聞的焦點，每天公布的確診人數和足跡，讓萬華受到各種批評和歧視。但在媒體焦點之外，萬華的社會基層力量動員，自發地協助弱勢民眾脫困，展現了令人動容的互助精神。

穿過三水街，因為疫情我才認識的街道，店家鐵門深鎖，巷弄裡空無一人。再走到華西街夜市，燈光明亮一如往常，只是行人寥寥，好像洩氣皮球一般無精打采。想起十多年前第一次來到華西街，當時的熱鬧氣氛，真不知何時能夠恢復。

對觀光客來說，台北華西街具有強大吸引力；而我從小生活在台北，始終無緣認識這條街。第一次走上華西街，是為了接待一位來台灣考察的法國學者。

華西街是台灣第一個觀光夜市，曾經聚集了許多野味店，殺蛇賣蛇最是聞名。但我對這條街的印象，很多來自繪聲繪影的媒體八卦，隱晦地描述著附近巷弄裡的特殊行業。聽得多了，自然避開這個區域。

那一天，法國學者的台灣學生，設宴華西街著名的台南擔仔麵餐廳為老師接風，邀我作陪。學生用心良苦，想像老師走遍世界，一定喜歡這條街的生猛氣氛。但我內心嘀咕，台北那麼多餐廳可以挑選，如果要特別的，馥園、食養山房都很合適，為什麼偏要來華西街？

第一次走進華西街夜市，才知道整條街區加了屋頂，像是寬敞明亮的室內長廊；兩旁商店林立，最吸引人的蛇店，也只看到兩家。其中一家，店門口站了位中年男人，手執長鐵條激怒一條吐信的眼鏡蛇，扯著麥克風吆喝觀眾靠近，說喝蛇湯能清血、顧皮膚。另一家店，門口站了位火辣小姐，脖子上懸垂著一條粗壯的黃白色蟒蛇。她帶著微笑，挺著胸招手問過路客人：「要不要摸摸？」當然她讓客人摸的是那條白蛇。

法國朋友優雅地走著，偶爾探頭看看籠子裡養著什麼。我不知道他如何面對眼前場景，會以為到了某個南美洲的叢林城市嗎？他在法國藝術界地位崇高，據說往來多是藝術家、企業家、政府高官，美食、美酒不在話下，經常受邀到古堡和別墅度假。和他並肩走在華西街，我感覺很不自在，好像身上隱藏的胎記被人揭露；但陪同他的學生卻談笑自若，用法語熱情地導覽。

我忍不住問：「很多觀光客喜歡華西街。你覺得如何？」他溫和地看著我說：「噢，我喜歡這裡，真的！」彷彿看懂我的懷疑，他再解釋：「這街道，讓我看到台灣人率真的生活方式。」

這我同意。雖然以前不曾來到華西街，但這條街的確豐富有趣。隨著台北市近年快速發展，所有被認為文明進步的場所，不論是漂亮的百貨商場或是豪華酒店，與世界其他都市並無二致；反而在華西街，呈現了獨特的生活面貌。

當天晚餐，朋友拿出木桐堡（Chateau Mouton Rothschild）紅酒孝敬老師，我沾了光，生平第一次喝到五大酒莊之一的佳釀，法國學者十分開心，他尤其喜歡台灣的海鮮料理。吃飽喝足，我們步出餐廳，混入熱鬧的人群中，隨興逛著。

那晚的聚會之後，我開始認識華西街，以及南萬華。是法國朋友的提醒，在這座熟悉城市裡的陌生街區，讓我注意到自己的偏見。任何城市都有急欲隱藏的區域，如同人總是本能地掩藏缺陷；但是真正的缺陷，往往更明顯地存在於自己心裡。正向的人懂得與缺陷共處，城市也應該如此；自信的市民應該理解和尊重不同的文化，光明磊落的官員更應該照顧城市不同族群的福祉。

在萬華，我學習放下成見，面對城市生活的不同面向。疫情讓我們看到，成見處處都在，它阻礙了我們正常的溝通和交流。唯有學會彼此包容和尊重，我們才能夠在共同生活的城市之中，欣賞不同文化的存在，懂得生命的價值與意義。

8 園林台北

春日早晨陽光嫵媚，看著窗外心血來潮，打電話約朋友中午吃飯。「天氣真好，我們野餐吧？」朋友興致很高。中午休息時間不長，野餐來得及？電話傳來朋友神祕的笑聲：「十二點半來找我，保證三點鐘讓你回到公司開會。」

朋友的公司在內湖，並非市區中心，但也還不至於郊外。和朋友見了面，開車大約十分鐘，從大路彎小路，再繞過一個別墅社區，景觀頓時不同。溪澗穿越山谷而來，沿溪建了步道和涼亭，我們順著步道前進，享受大樹成蔭的涼快。聽水聲潺潺，看穿葉而落的細碎陽光閃動，迎面吹來夾帶野草味的暖風，真難想像，我們還在台北市區裡。

邊走邊聊，偶爾看看釣者收穫如何，有時欣賞年輕男女健行的青春洋溢。有些路段，朋友指點我停下腳步，觀看特殊地層或花鳥植物。走到一處石桌，朋友攤開午餐，就是尋常的漢堡和可樂，在這裡享用感覺格外暢快，即使該熱的牛肉漢堡冷了，該涼的可樂卻有些溫了。

「台北這樣的郊道還有很多條。有時中午自己出來散步、想事情，再回去上班。」朋友抬頭仰望白雲。他是位電視節目製作人，優雅自在、與人為善的行事風格，源自他的藝術家本性。

說來台北真是得天獨厚。論人口、論土地面積，以及盆地的限制，台北只是個精巧的現代都會。但精巧也有好處。從市區任何一個地方，開車不出二十分鐘，一定可以來到大河的岸畔，新店溪、淡水河、基隆河；不管在市區哪一角，不超過三十分鐘車程，一定可以連接到散步山徑。

像今天來的這條溪，隱藏在社區背後。不過開車過了幾個彎，感覺好像進入鄉野，不再嗅到都市的煙塵。

午餐畢，散步離開山谷，眼前突然開朗，正面迎來一排華麗豪宅，戶戶以誇張的方式安裝大片落地窗，滿足屋主擁有山林綠意的企圖。我想起電影《圓明園》，皇帝不能遊山玩水，於是傾國家之力，將自然景觀收進園林裡欣賞。

中國園林藝術自明清以來，致力追求自然、模仿自然，園區規畫著重借景，利用內外呼應，創造遼闊無限的感受。這些工夫，是要讓居住園林的達官貴人，不過從甲屋踱步前往乙室，心理上卻想著穿越山林湖河。

突發奇想，台北不就是一座巨大園林？高樓大廈林立在市區，許多人走不出水泥迷宮；因為嚮往自然，高價買下擁有山景河景、鄰近公園的豪宅。這些豪宅，是廿一世紀富有百姓的圓明園。其實，找到一條穿越水泥屏障的小徑，從城市出走並不困難。

我很嚮往有一扇窗，面對漫山的自然美景；但我更嚮往一個有著許多郊野山徑、而且十分容易踏青的都市；整個都市的人，都可以隨時走向山、親近山。而我如今就住在這樣的都市裡。

9 上海一片月，百街煙花響

元宵節到達上海，天已經暗了。出了機場，真冷！這是上海給我的第一個真實感覺。隱約聽到遠處傳來鞭炮聲，還在過新年啊！來自聽覺的節慶感，立刻讓我染上了愉悅。

這天的行程很辛苦。買不到直航機票，早上從台北出發到香港，陸路前往深圳機場再轉飛上海。一路上三種氣候，毛衣脫了再穿，襯衣溼了又乾，此刻到了上海，手提包裡的大衣拿出穿上，才頂住十度以下的低溫。

快七點了，歷經半小時排隊，終於上了出租車。這下子心情定了，才注意到市區裡炮聲不斷。問的士駕駛，上海可以燃炮？好像城裡到處有炮聲。駕駛操著我只能半懂半猜的口音說：「元宵節，六點不到就開始放炮，整個城裡砰砰磅磅，要到午夜！」

車行高架路，城裡天色已暗，大樓窗裡亮出燈光。夜空不斷看到炸開的煙火，五彩光芒一現即逝。整面上海天空，像個巨大的煙火秀場，此起彼落。

到旅館入住，是一間沒有景觀的房。出去走走吧！煙花聲鬧得人靜不下來。

街上行人不多。順街走，幾分鐘來到小公園，幾人抬著煙火箱子放在地上，一枚一枚煙火引燃衝上天，炸開，在樓宇間留下令人壓迫又緊張的震蕩回音。

我停下腳步，和街上行人一同抬頭觀看。這煙火好像放不完，一枚又一枚；雖然大同小異，但路上依舊擠著觀眾，連車也停下來，司機開了窗在看著。幾分鐘後我決定離開，煙火好看但距離太近，似乎火藥球就在眼前射出、飛到頭頂爆開。會不會剛好有一顆帶著瑕疵，朝我們人群飛來？

往前走過幾步，一拐方向，街邊上又在放煙花。就這麼東一群、西一落，難怪整個城市鬧哄哄地四處響聲。

我閃進徐家匯公園，這裡沒有人放煙花，今晚屬於城市的喧鬧，被隔離在樹牆之外。公園當中坐下，冷得拉豎了衣領，一抬眼，這才看到天上月亮真是碩大明亮！想到在來時班機上讀到新聞，今晚望月格外美麗。此刻公園裡風清月皎的恬靜，與城裡喧鬧的閃閃煙火，交織出上海的元宵情調。

「長安一片月，萬戶擣衣聲。秋風吹不盡，總是玉關情。何日平胡虜？良人罷遠征。」遙想李白描寫的那個夜晚，該是入秋吧，季節不同，卻是和今天一樣的涼寒月夜；當時的擣衣聲，此刻換作煙火響，情境、詩意完全不同。李白的長安正值戰亂，婦女擣衣為遠在戰場的家人添做冬衣；此刻，我在異鄉的煙火聲中，看著天空忽紅忽綠的煙花，認真體會這炮聲代表的和平、富裕、進步和團聚訊息。

台北的月，此刻一樣清白皎潔嗎？台北車水馬龍的街頭，有煙花嗎？離家不到一天，面對上海的熱鬧情景，讓隻身獨在異境的我，竟感到些許孤涼。原來，吵人的煙花響聲，一旦隆重到某種程度，也可以成為引動情緒起伏的奇景。

回到旅館，門口服務人員聊著說，上海的元宵放煙火很厲害，過了正月十五就禁，這是最後的自由。真是有趣的說法，像日本人的櫻花祭，春日櫻花盛綻的高潮，呼朋引伴坐在樹下賞花，享受最後的燦爛時光。櫻花怒放的極致之後，花落人散，進入等候一年的輪迴。

在台灣過年，如同上海這般盛大的全民煙火施放，從未見過。台灣沒有明文的准許，也沒有限期的取締；沒有最後底限的自由，少了衝刺放縱的快感；即使為了祭祖迎神放炮，多少帶著功能取向，沒有這種「明年再見」的濃厚離愁。

上床，在炮聲未歇前睡去。日出後再甦醒，將只是個尋常的日子。

10 都市也要有慈悲

早上出門，穿了防水休閒鞋，帶上雨傘。抬頭看窗外，灰濛天色正是風起雲湧，雨卻剛好停了。走出巷子裡想想，時間還夠，要去的地方不遠，今天就走路吧。

氣象報告說今年反常，沒有颱風接近陸地；言猶在耳，這幾天一次來三個颱風，其中兩個可能在台灣附近共伴。有颱風不稀奇，在台灣，沒有颱風的夏天，真是少之又少。颱風帶來水氣與涼意，只要不成災，挫一下暑氣的威風也不錯。

今天不走大街，打算走巷子。先穿過「雲門巷」，享譽國際的雲門舞集，辦公室曾經在這巷子裡。二〇〇三年，雲門三十週年慶，台北市文化局將這條巷子譽揚為「雲門巷」，在巷口掛上紅色路牌。這是台灣第一條用藝文組織定名的巷弄，之後還有藝術家雜誌社的「藝術家巷」、漢聲出版社的「漢聲巷」；「新舞臺巷」則是新舞臺劇場前的彎道。台北市用這種方法頌揚豐富都市文化的耕耘者，但依舊抵不過滄海桑田。如今雲門巷沒有了雲門，新舞臺也早已灰飛煙滅。

穿過「雲門巷」到達敦化北路，有漂亮樟樹和寬闊綠帶。路那頭的松山機場，曾是外賓進出台灣的大門；敦化北路就是台灣的門面。

台北小巨蛋也在路徑上。這裡以前是棒球場，改建成室內運動場以及室內表演空間。望著小巨蛋背後烏雲密布的天空，警覺要下雨了！右手下意識拍了背包，確定帶著傘。雨落下的瞬間，我忽然想起以前的同學，小雨。

小雨是隔壁班同學，特別喜歡雨天。小朋友遇到下雨總覺得掃興，不能去操場玩球；但小雨會撐著傘、穿著雨鞋在雨裡踩水，任由衣服濺上水花。小雨的別號，就是這樣被同學叫出來的。有時上課，窗外突然下雨，同學就鬧她：「小雨都是妳，又下雨！」小雨也不生氣，總是笑著說：「沒辦法，我喜歡雨！」

同學告訴我，她喜歡雨天也有原因。爸爸是水泥工人，為了養家，白天做工地粗活，晚上到夜市幫忙朋友顧攤賣貨。遇到雨天，白天休息，晚上也可以提早收工。小雨喜歡在下雨天和爸爸說話、看電視。小雨爸爸曾經在下雨天的放學時間，帶著雨鞋來接小雨回家。

小學畢業後，同學都沒有聯絡；後來零星聽到消息，小雨爸爸受傷了，全家搬回鄉下生活。我想，如果小雨已經結婚，現在可能是幾個孩子的媽媽？她會不會帶著孩子在下雨天穿雨鞋踩水？

繼續我的行程，目的地不遠了。腦中還在想像小雨爸爸做工的畫面。書上讀過，歐洲那些矗立山頭的美麗城堡，留給後人無限綺想，但城堡都是農奴一磚一瓦砌出來的。農奴是封建時代最絕望的階層，無緣享受他們親手建立的城堡。

眼前台北這些繁華樓宇，是多少人的血汗累積？市民享受建設成果，卻不記得用雙手建造都市的工人；都市各種美化或更新方案，又經常剝奪弱勢居民的生活空間。似乎工人領到薪水、弱勢者得到補償金，都市和他們的關係就此銀貨兩訖。都市的冷漠、人和人的疏離，源自過度重視金錢價值，忘了生命應該有溫度。

走過一處正在拆除改建的工地，停下腳步，看見工作人員穿著雨衣在忙著。想起工人和他們的家庭，突然感到一股不自在的涼意。享受進步文明的同時，我們需要更多包容與慈悲，照顧不同階層的生活需要。讓都市生活更美好，不只需要文明建設，還需要人人多一些慈悲與關懷。

11 夜市裡的百味人生

喜歡逛夜市，在台灣很幸福，各縣市都有出名夜市。流連在不同夜市，好吃好買好玩之外，看著賣家奮力推銷，也是人生即景。

童年最熟悉士林夜市，蚵仔煎、蜜豆冰、大腸包小腸等，想起來都是愉快的回憶。後來，喜歡文青聚集的師大夜市和公館夜市；再因工作和居住方便，常去饒河街夜市、臨江街夜市。近來偏愛寧夏夜市。

真正認識寧夏夜市，因為朋友邀約一場「千歲宴」。寧夏夜市老店眾多，集合其中二十家超過五十年歷史的攤商，各家經典菜色一次上桌擺開，全部資歷加總超過一千歲，美其名為「千歲宴」。

千歲宴一席十位來賓，坐齊之後開動；初期上菜較慢，十人圍著一兩碟小吃，難以舉筷。稍後餐點上齊，擺滿一桌的豐盛食餚，僅僅每樣淺嘗口味，已經十分飽足。難怪前台北市長郝龍斌提出寧夏夜市的辦桌構想，遊客湊齊十人享用千歲宴，不但經濟實惠，而且能夠一次遍嘗夜市好味。

現場說菜也是特色。千歲宴執行長林定偉，攤商子弟出身，逐一介紹各家菜色與夜市典故。運氣好，見到能說能唱的「講古仙」張永賢，他懂菜，更會說菜，曾經也是夜市攤商。多年前張永賢將炒米粉生意交由家人打理，轉而從事文史研究，除了學識淵博、說起故事活靈活現，身邊隨手拿出文獻、照片或道具，一場千歲宴就能「寓教於吃」。

千歲宴成功舉辦，首先必須有統籌組織，並且得到攤家合作。寧夏夜市首創由攤家組成的觀光協會，共同參與推廣夜市。因為攤商有共識，才能打破競爭、推出千歲宴，八次進入總統府舉辦國宴。張永賢說，夜市美食必須趁熱上菜，進總統府做膳，平常單打獨鬥的夜市攤家，必須事先周密協調流程，才能夠順暢地備菜、上菜。除了國宴，寧夏夜市舉辦多次封街辦桌，從五十桌到一百多桌，總能有條不紊。

鬍鬚張
鬍鬚張
知高飯
知高飯
廣東粥

一條寧夏路，白天夜晚兩種風情。日間車水馬龍，夜間攤商如岸、遊人如川。吃在寧夏夜市，感覺格外不同；這裡強調「環保」，攤商都擁有獨立水電，全區設置廢水截流與油煙濾清，所以地面清潔、呼吸不到油煙氣味。全區使用不鏽鋼筷、禁用一次性餐具，甚至要求遊客禁菸，也是台灣夜市的創舉。

寧夏夜市以餐飲為主，許多攤家傳承兩、三代，家族故事與夜市發展重疊交纏。「鬍鬚張魯肉飯」是一則傳奇，六十年前創辦在民生西路的路邊攤，五十年前搬到了寧夏夜市，幾年之後從攤販變成今日寧夏路六十四號的店面，進而朝全台灣甚至海外快速拓展。

穿梭夜市，賞看琳瑯滿目的美食，不可能每樣都吃，走走逛逛也覺得很幸福。數十年風雨陰晴，幾代人守著一方攤位營生，不僅餵飽了家中老小，也照顧了無數遊子和遊客的胃腸。多少人生故事，發生在每天川流的人群中，也發生在勤奮的擺攤人家中。不管酸甜苦辣鹹、蒸煮烤炸煎，不論坐下品嘗或排隊打包帶走，夜市小吃賣著口味，傳承著市井裡的人情世故。

12 ……… 市場裡的美學

元旦假期到了東京，走訪「東京廚房」築地市場，流連半天東逛西瞧，想像東京人家裡餐桌上的料理模樣。回來台北準備新年，去了幾趟濱江市場，摩肩擦踵、人聲鼎沸，夾擠在人群中拎著大包小包，冷天裡有著熱心的感動。

不論旅行逛市場了解當地生活，抑或在自己城市為餐桌上的料理走進市場，有一種感覺是相同的：日常生活的幸福。

有機會出國旅行，閒閒地逛市場；或在台北年節前放下繁忙工作，到市場採辦年貨，都會讓我感受到生活的幸福。看著攤子上各種食材，感受那背後無數雙手，用辛勞的力氣與汗水種植、捕撈或經歷各種加工過程，才有這場面上的豪華豐富，由人客買回家再變化成餐桌上的美味。我們的每一餐，前後有這麼多人付出；就著碗筷的每一口，都是帝王級的尊貴。這多麼教人感動！

小時候住家在城市裡，但不是熱鬧地區，距離菜市場有段距離。母親上市場買菜的日常，我們孩子有時也跟著，但目標放在市場附近吃喝的攤子，或賣著玩具的鋪子。菜市場的印象並不清晰，依稀記得那是一片並不平坦的空地，排列著木製檯子；每個攤位的四角立著木棍，上頭頂著塑膠布雨棚。商販在檯面上排列著雞鴨魚肉菜果，招呼過往的主婦購買。每個攤面差不多是飯桌的大小，陳列的貨色也很有限，整個市場大約兩個籃球場面積，走來看去就是幾樣當令蔬果和魚肉。

中午過後市場收攤，滿地殘果剩葉。這時候，有些販子開著小貨車或踩三輪車，帶著沒賣完的菜肉到附近社區兜售。一部車子就是一個市場的縮影，雞鴨魚肉菜果都有，車棚裡還吊著熟肉，晃蕩晃蕩地開進社區空地，做完生意又風塵僕僕地移到下個村里。

才不過幾年，這樣的賣菜車販，這樣的空地市場，在台北幾乎絕跡。新的市場愈建愈大，空間條件改善不說，攤面排出來的貨品，種類比我記憶中的兒時市場，多出不知幾倍。即使是相同的產品，也有不同的樣貌，許多蔬果經過農業改良，長相、顏色和口味都有極大差別。就

像西瓜吧，以前就是一大一小兩種，大的紅肉、小的黃肉；現在市場每到夏天，碩大的華寶、圓球狀的蜜鳳、紅心的甜美人等，至少四、五個不同品種，再加上不同的產地，那就更熱鬧了。

比起台灣，日本土地大、物產多，市場更有得瞧。築地市場規模號稱世界第一，要餵飽東京這樣一個超級大都市，原本就不容易；日本人對食材的講究和各種料理的精緻要求，也都反映在市場裡。參觀築地市場，看到來自全日本甚至全世界的食材和配料，教人大開眼界。

市場是食材的中繼站。不同來源的食材，出自各種行業的人工；那是他們追求生活的產出，懷著照顧一家老小的心意，將產品輸送到市場銷售。經過市場的交換，這些食材或許進入餐廳、或許進入家庭，展開另一段旅程，不論主婦照顧家人健康，或廚師展現技術創意，食材風味經由烹調而得到昇華，補充了身體的能量渴望，也滿足了舌尖上的口味欲望。

市場的美，並不完全來自視覺感官的造型或顏色，雖然國內外確實都有很美的市場，不論建築外型、陳列產品等。照顧著日常生活的市場，美在它的機能，從生產到最後的銷售，看不見的複雜機制，順暢的運作來自無數心意的累積。不同的社會文化養出不同的市場內容，但市場機能的美感，存在於任何文化的市場之中。

市場，是人與自然的相遇之處，是最美麗的生活現場。

13 河岸夜騎

悶熱從早晨開始，好不容易熬到傍晚，天氣涼了。待在家吹了半天冷氣，感覺無精打采。忽然冒出一個念頭，今天河畔夜騎，應該很舒服吧？立刻行動，著手準備單車，上油打氣，忙得十分起勁。

終於上路，迎著夕陽徐風，果真舒暢。順著住家附近的馬路繞來拐去，十多分鐘後抵達基隆河旁一處水門。才出水門，景觀豁然開朗；近前是大片青草地，延伸到河岸邊；抬眼望去一片綠色山脈，顯現暗沉的墨青色調。山頂上空藍天青湛，沒有一絲雲彩。我算計著，今天熱得要命，原來紫外線毫無屏蔽地直射台北盆地；一會兒月亮出來，一定很美。

騎上河濱單車道已經傍晚六時過後，路上滿是來往穿梭的單車客。早聽說許多人愛夜騎，傍晚天涼才露面；今天總算見識，夜騎同好真的不少。看裝備就知道許多騎士經驗豐富：前燈、後燈之外，安全帽、衣服甚至手套邊貼著反光條。

天色更暗，堤岸燈亮。騎車沿岸前行，騎了大約十多公里，找了一塊平坦地方休息，此時見到月亮掛在天際，最亮的星子已經勤奮地為夜空上燈。索性平躺在草地，看著星火，吹著涼風，聽著遠處傳來一群學生的吉他伴歌聲。

河對岸住宅大樓，一戶一戶亮起燈光，遠遠看去，整片亮晃晃的屋子，上演不同的天倫戲碼；想到這，心裡頭一陣扎實的幸福感。繼續往前騎行，一連穿越幾條主要橋梁底下。以前開車走橋面上，知道這些橋都設計了照明，不再像從前，白淒淒水銀燈光一路到底。但我始終不知道，從橋底下看，不但橋的倒影投在河面很美，原來橋面下也裝了燈，即始夜裡經過橋底，也不再漆黑恐怖。

有些較寬闊的河岸邊，被開闢成為球場，棒球場、網球場、籃球場，市政府設了夜間照明，這時候還有許多人在運動。窄些的河岸，種植草皮和樹木，看來像個大公園，完全不是記憶中河邊荒地的蒼涼樣貌。

打道回府，沿著來路再騎大約十五公里，穿過堤防高牆水門，回到市區裡。週六夜晚的吵雜，與堤外河邊的寧靜清涼，簡直兩個世界。

在一座都市的臉上，水岸是最重要的線條。算一算台北市這些河道的整治，前後花了十多年時間；這些不見得能為選舉帶來好處的工程，卻創造新的生活風格。這種一派悠閒的生活態度，就是台北生活文化的形貌。

作家龍應台擔任台北市文化局長，曾提出「山水台北」政策主軸。當時她說，台北有山有水，但民眾不能親水，因為高大的堤防阻隔了人和水。她厭惡這些堤防，雖然醜陋的水泥牆保護了台北民眾的生命和財產，特別是每年好幾次的颱風和大雨，暴漲的河水不致淹沒市民家園。

龍應台鼓勵民眾騎自行車。她任滿卸職那天，騎著自行車離開市政府，幾位文化局同仁陪她騎了一段。台北過去缺乏自行車道建設，騎士必須和車輛或行人爭路，在龍應台看來，自行車不只是交通工具，而是城市進步的一項指標。

如今，當年龍應台對於親水和自行車道的殘念，都已經徹底改觀。有了河岸單車道，加上共享單車 U-bike 流行，河岸更熱鬧了。城市河道經過多年整治，如今水清風涼，是民眾樂於在河邊騎車吹風的原因。

如果外國朋友問我，台北城市景觀有什麼特色？除了101大樓，我的答案會是這些沿河的單車道。它讓我從另一個角度，欣賞台北的嫵媚。

14……愛人的小世界

下班與朋友同路線搭乘捷運。平穩車廂行經關渡平原，我欣賞著窗外風景，朋友輕觸我的手肘，要我注意前方一對相擁男女。

我注意到他倆上車一陣子了，年輕戀人同樣瘦高健美，男孩從身後環著女孩，脖子向前，臉頰相貼，倚立站在車廂角落。長髮女孩側揹著大皮包，男孩腳下放著運動背包，動也不動，像一塊大理石刻出來的兩尊立像。夕陽從窗外灑進來，戀人的逆光剪影襯著窗外山色河景，真是好看。

朋友低聲說：「台北愈來愈浪漫了！我們年輕時代，這樣的畫面，只會出現在巴黎！」

的確。全世界最有名的街頭戀情畫面，是法國攝影師杜瓦諾一九五〇年拍下的一張黑白照片〈市政廳前之吻〉。當時他為雜誌拍照，在巴黎市政廳前看到一對情人忘我擁吻。他徵得兩人同意，再吻一次，拍下這張傑作。〈市政廳前之吻〉被印成海報、明信片和拼圖等各種產品，廣為流傳；巴黎因為這張照片，更鞏固了浪漫都市的印象。

朋友是位五十多歲的資深文青。「年輕孩子的愛情，看起來很真誠！有個性和自我，也帶著對抗世界的叛逆。」接著又補了一句：「台北年輕孩子，比以前大方很多！」

朋友口中的「年輕孩子」，大約是青少年到大學生年紀吧！年輕戀人在街頭親密擁抱，在台北經常可見。我的隨機觀察心得是，愈年輕的戀人愈不在意旁人眼光。整體而言，台灣還算是保守，但這樣的場面在街頭發生，好像已經被群眾接受，司空見慣。

「年輕真好！我們年輕時，在公共場所牽牽小手，都覺得尷尬！」朋友笑著說。我們這些六〇後，當年談戀愛的年代，公共場合牽手已經是愛情進度的重大宣誓；公開在街頭擁抱，大約在電影或電視上才能看到。

年輕人喜愛的偶像明星，經常被拍到在公共場合親密擁吻；除非吻的是別人的男友、女友而引發非議，否則熱情戀照曝光，偶像總是得意又神氣。看多了偶像行徑，年輕小情侶有樣學樣，完全可以理解。只是和偶像明星不同，年輕小情侶的街頭愛情表現，目的不在吸引記者拍照，而是自然表露的純真感情。

像是眼前這對捷運上的戀人，下班尖峰，車廂內人來人往，他們的世界只有彼此，流動的人群和吵雜的聲音都不存在。那是一種接近你儂我儂的境界了，我想，他們心思完全被對方包圍，那是多麼美好的兩人世界。

更早幾天在捷運車站，看到一對男女穿著國中制服，而且同一所學校，大庭廣眾下擁抱。彷彿時間靜止一般，他們的靜立和急切的行人形成強烈對比，路人自然讓出空間給情侶。引起我注意的是，他們才十五歲左右吧，如果是同學，明天還會在學校見面，卻這樣難分難捨，愛得熱情熱切。或許小倆口正在培養情緒，以備待會兒分離之後，進入彼此想念模式，在網路上的元宇宙繼續相擁。愛情不就如此？沒有一點兒思念的惆悵，沒有漫漫長夜的難熬，又哪有明天見面的怦然心動？

鄰居有位漂亮女兒，待字閨中。某晚出門散步回來，看見一輛摩托車停在公寓門口，引擎並未熄火，附近卻不見人影。正納悶著，走進公寓大門，鄰居女孩和男友緊緊相偎，顯然護送女孩回家的男孩捨不得離去。一對男女大方在樓梯間營造分別前的溫存，我從旁輕輕閃過，深怕打擾戀人的美好時光。

討論台北的進步和文明，浪漫很少是個優先選項。但是，城市年輕人的浪漫愛情，正在軟化城市的蒼白僵硬，為台北調上溫柔的粉紅色彩。

15 ⋯⋯ 橫濱：記住自己的名字

國吉直行先生，二〇一七年與我在橫濱一家咖啡館見面，他當時是橫濱市立大學講座教授，對橫濱都市計畫瞭若指掌。他專注著講故事，手中一管外表落漆的黑色金屬鋼珠筆，在地圖上畫著城市的演變，一圈又一圈。當年橫濱推動都市計畫、保存傳統建築，他說，是為了「記住自己的名字」。

記住自己的名字？我驚呆了。這不就是宮崎駿動畫電影《神隱少女》強調的主題？人一旦忘記名字，將永遠失去自己。城市，何嘗不是如此！

一九六〇年代，日本經濟強勁增長，東京成為世界首座人口數突破千萬的巨型城市。

避免在東京擴張過程中被邊緣化，東京一旁的橫濱，決定改造城市，創造自己的風貌。當時的目標構想朝向兩個方向，市區舊有空間的規畫與再利用，以及後來啟動的大型計畫「橫濱港未來21」（Yokohama Minato Mirai 21）。進入二十一世紀之後，橫濱從原本東京的外港，蛻變成為風情獨特的美麗港市；橫濱的名字與它的風情一樣令人難忘。

為了推動城市再造，市政府設立都市計畫職位，聘請專業者加入；國吉直行在一九七一年被延攬，接下這職務。當時，橫濱已經訂下了都市改造的基本原則：開拓綠地和人行道，營造水岸及開放空間，提供人與人聚集的場所，保存文化資產與歷史建築，重

18 46

視城市自然等；衡量各計畫彼此關係的目標，是追求都市整體的美感。

我步行穿梭橫濱市區，感受城市的建築和風景，想像半個世紀以來的變化。這是多麼腳踏實地的城市美學實踐經驗！橫濱沒有放任大牌設計師在這裡自由展現風格，反而從嚴格的景觀要求著手，以生活其中的「人」為尺度，思考城市如何被使用、被觀看。

那一趟橫濱行程的最後，從未來港區走到國際航運碼頭「大棧橋」，已近黃昏。從這裡可以看到整個橫濱港，一邊是填海造地的新區，一邊是新舊交融的傳統城區。向西望，地標塔大樓、皇后廣場、帆船造型的洲際酒店，一片白淨逐漸沒入夕陽的陰影；較近處兩棟紅磚倉庫已經點上了照明，暗褐牆面染著暖色的光暈。黃昏的滿天紅霞褪去，霓虹光彩變幻的摩天輪襯著夜空，這才注意到，一輪明月早已升起，逐漸攀向天頂。

橫濱，這就是妳的名字。依山傍海景觀加上歷史文化資源，半世紀的光陰結合專業思維和居民期待，妳打造了一張世界級名片。

國吉直行在退休之後，轉到大學兼課教書；他的心願是傳承經驗，讓年輕人知道橫濱如何發展到今天。他說，未來城市規畫專業者，如果不知道過去的發展歷史，任意變動路線，會很危險。

宮崎駿在《神隱少女》作品中，以「名字」做為隱喻，指出人不能忘本，更不能忽略歷史脈絡。為了記得名字，橫濱啟動了發現和重新創造自我的努力；這條脈絡，如同被保存的那條通往東京市區的舊火車軌道，從過去出發，一路穿越時空到達現在。

參美的學習

1……每個鄉村都是學堂

鄉村乍看都是一個面貌：不起眼的房舍，缺乏經濟效益的產業，緩慢的生活節奏，日復一日的沉寂。鄉村也有看不到的一面，如果到熱情人家作客，杯盞之間的午後漫話，就是一堂風土文化課。

典籍流傳的智慧，博覽群書可得。宇宙世界的真理，實驗演算可察。無以名狀的道與禪，大師點化可悟。但人與自然共生的智慧，從何學習？答案就是鄉村。

鄉村向來是人與自然接觸的界面。人類從鄉村開始建立社會，累積文化。發展在鄉村中的知識以實用為取向；鄉村中的美學從生活出發，伴隨著歲時節令和人情世故，是「人在自然之中」的生態美學。

鄉村智慧必須透過媒介轉化才得以顯現。生活中的枝節，莫不傳達著屬於地方的知識與經驗。房舍與生活器物之外，日常勞作、節慶活動、生命儀俗，都是文化的載體。村莊的生產，或種地收穀、植樹摘果、伐木取材、養蠶抽絲等，依著自然條件取得產品，是人與自然的共創。生活在其中，鄉村居民為自然謳歌，為生命禮讚，為收穫喜悅，為災難輓禱，有著敬天畏地的虔誠，對於生命無常的順應。

鄉村是文化的源頭，因為城市與科技文明的興起而成為鄉愁。在台灣的九〇年代初期，文建會已經覺悟，民間的文化資產保存或社會創新、社會結構改善，必須從鄉村開始。一九九四年推動「社區總體營造」（社造）政策，從盤點鄉村資源著手，透過文史調查、公民參與、舉辦藝文活動，找回鄉村過去的生活方式，再由人民因應未來安身立命的發展願景，建立當下的集體行動。

社造強調「造人」，本質是學習運動。日本學者西村幸夫在《大家一起來！打造觀光城鄉》中，提出以「交流」取代「觀光」，其中的交流行動就是學習。如今，台灣眾多鄉村發展出各種體驗活動，成為促進旅遊的經濟項目。許多體驗活動大同小異，難以深入地

方智慧的核心，停留在表面的風情導覽和故事敘說，成為徒具形式的一場觀光遊戲。

九〇年代游錫堃主政的宜蘭縣，率先推出「文化立縣」，透過「宜蘭學」的建立，倡議「宜蘭就是一座博物館」，開啟了整理地方知識、系統化向內部和外部介紹的過程。後來宜蘭縣政府顧問吳靜吉提出「宜蘭就是一座校園」，成為「宜蘭就是一座博物館」的延續。雖然兩項計畫都無緣落實，但是以「地方智慧」做為鄉村發展的軟體基礎，已經有了觀念和脈絡。

從二〇〇五年聯合國提倡的《保護和促進文化表現形式多樣性公約》，到二〇一〇年的《里山倡議》，人類與自然協調共生的智慧和經驗，成為公認的文化價值。在社造以後，文建會陸續推動「地方文化館」、生活美學、國民記憶庫；《環境教育法》通過後，環境教育中心陸續成立，目的都在提煉過去的生活文化價值，重建人與自然共生的環境與倫理。

二〇一九年啟動「地方創生」政策，從地方產業發展到地方品牌建立，都強調從「地方DNA」著手。不論政策如何演進，重視、深掘和發揚地方文化根源與特色，已經成為基本原則與共識。

新的學習潮流迎面而來。它指向鄉村，透過地方知識整理，成為現代人學習傳統生活價值的資源。

被時光遺忘的鄉村裡，知識都在日常生活中。以鄉村為學堂，應該優先記錄村民的生活經驗，經過整理、轉化之後，成為體驗教學的內容，提供社會大眾參與。良好的課程設計，可以讓鄉村人民得到尊敬、參與學習者得到感動，雙方相互欣賞，改變傳統觀光行為對鄉村的侵略與消耗。

在政策方面，向鄉村學習的行動，可以從設立鄉村學堂開始。每個鄉村都可以是學堂。前往鄉村生活和體驗的學習，不僅生態永續理念得以推廣深化，鄉村產品和服務得以銷售，更直接帶動鄉村經濟轉型，增加年輕人回鄉工作機會。而鄉村學堂所需要的投入，首要是人才、尋找鄉村價值的用心；不需要大興土木，也不至於破壞自然與文化風貌。

2 …… 活在當下：開啟感官向自然學習

老師和父母經常面對的難題：孩子缺乏專注力。不只學習難以專注，在生活中，經常抱怨孩子除了手機和網路，對其他一切都漠不關心。專注力是現代社會的稀有資源，正因為如此，注意力成為個人競爭力的核心條件。

被譽為「EQ之父」的丹尼爾．高曼，提出「第五項修練」的管理大師彼得．聖吉，共同創作《未來教育新焦點》，提出孩子必須學習三種能力：關注自我、關注他人、系統思考。高曼推動「社交與情緒學習」課程，指出關注自我和他人的核心能力：自我覺察、自我管理、同理心、社交技能等，都必須透過訓練，讓孩子及早養成。聖吉認為，了解自己內在與外在的世界，觀察各種大小系統之間的協調和作用，可以協助孩子培養全觀的思考能力。

年輕世代與網路一起成長，被各種資訊刺激包圍。這些訊息來源，包括娛樂節目、商業廣告、遊戲、社群媒體等，鋪天蓋地，無所不用其極地吸引使用者注意。這些訊息的目的，永遠是搶占網路使用者的注意力；它們令人興奮、好奇、滿足，欲罷不能。要求從小習慣使用網路的年輕世代，學會將專注力轉移到真實世界、覺察自我與認識社會環境，實在很困難。網路和媒體的發達，也導致了世代之間的認知差異鴻溝，因為成長經驗完全不同。

「宅」字經常用來形容待在家裡、缺乏與人群和自然互動經驗的網路使用者。宅人不僅身體隔離，心理也與真實世界斷裂。宅人置身網路世界，輕易掌握大量訊息和知識，但缺乏真實世界的生活體驗；他們反應敏捷，但可能失之片面；交遊廣闊、一呼百應，卻經常活在虛擬的「同溫層」。這正是高曼和聖吉希望透過教育解決的問題。

如果有機會問孩子，是否曾經赤腳踏過草地？很多台灣孩子成長到二十歲，經常搭高鐵、飛機體驗異地風情，卻不曾脫下鞋襪踩踏草地。這麼平常的生活小事，尤其在都市長大的孩子，沒有機會、更沒有動機讓他們這樣做。

體驗經濟當道，孩子周邊充滿精心設計的消費體驗。這些體驗提供刺激和滿足，卻把孩子禁錮在虛構扭曲的時空中，而不是真實的生活場域。缺乏真實生命經驗的探索，他們難以覺察自我，更難有同理心。來自網路或傳媒的娛樂體驗，快感瞬間即逝，難以留下積累智慧所需要的個人經驗。

「活在當下」必須從體察周遭開始，掌握各種感受。置身在網路、傳媒構築的聲光訊息世界，當然也「活在當下」，但那不是完整的世界。只有回到自然，走進真實世界，觀察和感受大自然的變化，領悟自我和外在，以及大小系統的運作與意義，才能接觸生活本質，領悟生命的意義。

在網路和大眾傳媒發達的時代，更需要孩子走向自然，運用感官，尋找感動，思索自己與世界的關係。與過去的世代相較，城市化讓孩子更遠離自然，無所不在的網路和媒體，鎖住了孩子的注意力。網路節目和遊戲提供的操控感，社群媒體帶來的親密感，大自然都無法提供。要讓孩子走進自然，必須引起興趣，讓孩子發現大自然無窮盡的生命現象和自然法則，從自然之中得到美感的體驗與啟發。這一切，必須從感官訓練開始。

聲光娛樂的飽和色彩、熱血沸騰的音效，不是真實的世界。自然的光影變化、山林的蟲鳴鳥叫、田地的四時循環，透過感官，用心感受，這些體驗才是認識生命、理解自我和世界對應關係的源頭。開啟感官，覺察自我內心和與外在互動的變化，才能真正地認識自我和世界。

3 藝術是開啟視野的媒介

曾經向舞蹈家林懷民請教藝術教育。藝術教育有專業的部分，目的在培育未來的藝術工作者；我想了解，教育工作者或藝術工作者，面對一般民眾、學生或孩子，可以怎麼做。他說：「用藝術做為媒介，去打開他們的視野。」

這麼簡單，又這麼有力！不談大道理，回到藝術啟發個人美感知能的本質，藝術的欣賞就是感官的開發和感覺的統合，以及創造美感經驗的過程。回想林懷民在雲門創造的一百多部舞蹈作品，在每一部作品之中，他都有話要說，但也都沒有直說；但觀眾在欣賞過程中，美感經驗和對自然與社會的理解，都被開啟了。

國策顧問吳靜吉是教育心理學家，台灣創造力研究領域的領導人物。一九九〇年代，他主導文建會的「青少年戲劇推廣計畫」，雖然只有幾年時間，卻已經展示了藝術教育的方法和力量。當年，文建會組織許多劇場工作者到各地演講，支持國中和高中老師在學校設立戲劇社團，舉辦「超級蘭陵王」全國戲劇比賽，讓社團和學生組隊打擂台。許多國中生從此認識了戲劇，甚至選擇升學到藝術大學。活躍在嘉義的「阮劇團」，人稱「小黑」的劇團創辦人汪兆謙，就是因為在「超級蘭陵王」中得到自我肯定，鄉下小孩從此堅毅地走上藝術道路。

紙風車兒童劇團自二〇〇六年啟動兒童戲劇巡演計畫，是台灣歷來最浩大的藝術推廣行動。起心動念，在於紙風車劇團幾位董事，吳念真、柯一正及執行長李永豐，希望偏鄉孩子也能欣賞到國家劇院規格的演出，於是展開民間募款，開啟了全台（包括離島）的巡迴演出。許多偏鄉地區孩子，從來不曾看過正式表演，例如烏坵、望安、小琉球等，紙風車劇團全部走遍。導演柯一正幼時在廟埕看歌仔戲的經驗，啟蒙日後拍電影、參與戲劇的發展；如今紙風車以一場接著一場的演出，澆溉孩子心中被埋藏的藝術種子。

前幾年在台東美術館，目睹了最動人的藝術導覽。池上駐村藝術家蔣勳，每日生活在大山圍繞的平原、稻田和池塘之間，早起看天光，從墨黑到明亮；傍晚看夕陽，從霞光萬丈到日落山背；平常日子還有白雲如瀑布般自山頭翻湧。他和池上鄉親成了朋友，每天招呼問候。當蔣勳在池上完成的作品前往台東美術館展出，台灣好基金會動用兩輛遊覽車，載池上鄉親到台東美術館看展，蔣勳親自為鄰居導覽。

參觀美術館對池上鄉親而言，也許不是日常經驗，顯得有些陌生和緊張。一群老少觀眾，牽著扶著來到展廳，登上展場中央以木構和稻草搭起來的高台，一次十位鄉親圍坐，蔣勳一遍一遍為鄉親講解。那是非常動人的一幕，蔣勳介紹他的畫，畫裡的池上；他告訴鄉親朋友，一個外人如何欣賞池上的美，池上人多麼幸福地擁有這一切。

藝術教育是教育領域的一門專業；但藝術教育也是以藝術做為媒介的美感啟發。蔣勳以畫作讓鄉親認識家園，紙風車以兒童劇開闊孩子的視野，吳靜吉以戲劇讓年輕人找到自我表達的方法，林懷民以舞蹈讓觀眾了解台灣的歷史、生態、社會和文化，以及存在我們文化生命之中的美麗。

關於藝術教育，林懷民給了我最好的引導。藝術教育的目標不是藝術教學；以藝術為媒介開啟審美心靈、提升美感經驗與開拓人生視野，才是真正的目的。

4 體驗與經驗不同

「體驗經濟」大行其道，從消費場所、旅遊活動到教學場域都強調體驗。但是，「體驗」的作用卻被誤解了。「體驗」不等於學習；必須將感官經歷轉化為「經驗」，方能成為個人的智慧累積。

「體驗經濟」由美國學者約瑟夫·派恩和詹姆斯·吉爾摩提出；他們在一九九九年出版《The Experience Economy》，中文版書名為《體驗經濟時代》。作者指出，在產品經濟、商品經濟、服務經濟之後，消費行為轉向感官滿足的追求，帶動體驗經濟興盛。書中有兩個觀點值得被強調：第一，「體驗經濟」可以無限發展，不會再有另一種經濟形式取代它；第二，無論體驗過程如何，消費者意識到自身的改變，才是最深刻的體驗。

「體驗經濟」為商業活動指引了明路。於是，各種新興商業空間和服務行業，無不費心營造體驗。商場不只是賣場，圖書館、運動場、遊樂場、博物館甚至廚房、劇場，都已經被融入其中。旅遊行程不只看風景、聽導覽，還要工藝DIY、下田、捕魚、自己做披薩或壽司。戲劇演出也不只在劇場，最熱門的沉浸式演出，觀眾直接參與在演出之中。課堂活動也流行帶學生到知識現場，結合參訪和手作（maker）加強體驗。

結合創意和場景、活動設計，可以讓體驗過程更豐富有趣，但在教育過程中，體驗並不必然提升學習效果。關鍵即在於，「體驗」未必都能成為「經驗」。

中文詞義中的「經驗」，原本即包含了「體驗」，但現代用語習慣將「體驗」與「經驗」區別。依教育部字典解釋，體驗偏向親身感受，經驗是「經由實踐得到的技能或智慧」。英文中的「體驗」與「經驗」是同一個單字「experience」，但是動詞、名詞分別譯成「體驗」與「經驗」。

哲學家杜威對於經驗有深刻分析。感官過程是「體驗」，但體驗的記憶可能被忽略或遺忘。將體驗感受重新整理、賦予意義，零碎片斷的感受組合成為完整的「一個經驗」（an experience），才能夠成為智慧的一部分。如同電腦檔案隨時可以再運用，「一個經驗」可以被召喚重現，甚至組合成為另一個新的經驗。

《賴聲川的創意學》可視為一本大腦創意操作手冊，它很好地詮釋了體驗和經驗，雖然賴聲川導演並未使用這兩個詞。

賴聲川認為，生活周遭有太多訊息發生，但我們未必注意；如何面對和取用這些訊息，取決於我們對應世界的「因果觀」、「如是觀」和「世界觀」。他建議，對四周事物保持好奇、思考、推理甚至衍生幻想，然後記錄。生活中片斷的體會，稍縱即逝；經由思考和記錄保留的訊息，可以反覆使用並擴充。

賴聲川提出的創意訓練方法，是不斷將體驗轉化累積，充實為個人的「經驗庫」。累

積足夠的經驗，透過重整、編排、組合和擴充，就有無限的創意可能。

賴聲川作品之一，架構龐大、八小時的長戲《如夢之夢》，使用了大量個人經驗；而這些經驗都來自被整理和記錄的日常體驗。

分辨體驗和經驗的差別，才能理解為何精心安排的體驗卻如同過眼雲煙？體驗只到達感官層次，沒有啟動更深化的心理機制，就只能得到破碎、有限的經驗。所以《體驗經濟時代》主張「讓消費者改變」：體驗過程一旦造成體驗者的改變，經由認知或身體的覺察，那種體驗就不再只是短暫的感覺，而是進入個人身體和生命的真實經驗。

體驗的歷程必須經過引導，用心轉化與整理之後，重新建構出有意義的經驗，才能夠滋養智慧，成為個人的創造力。

5 ⋯⋯⋯ 美感教育必須啟發美感經驗

教育部「美感教育中長程計畫」已經進入第二期（二〇一九—二〇二三）；執行成效各界有不同看法，但計畫目標應該正確。營造社會美感氛圍，絕非短期能夠建功；期待新世代學生的美感能力改變台灣的未來，美感教育必須持續推動。

台灣及許多先進國家，大力推動人工智慧、機器人、大數據、物聯網等科技應用，新世代的工作和生活型態將有極大改變。創造力是未來人才的主要競爭力，而美感與品味，是啟發創造力的重要媒介。

法國哲學家阿蘇利（Olivier Assouly）在《審美資本主義》中指出，審美品味與鑑賞力，早已成為促進消費、增進工業發展的動力。在審美資本主義潮流中，從英國發展到台灣的文化創意產業，只是剛好「順勢」。品克（Daniel Pink）在《未來在等待的人才》書中，列舉六種未來人才必須具備的能力，都來自「高感性」（High Concept）、「高體會」（High Touch）。美感教育正是帶領學生通往「高感性」、「高體會」的教學策略。

二〇一三年起推動的「美感教育中長程計畫」，明顯特點是將「美感教育」和「藝術教育」區別。過去《藝術教育法》及《藝術教育白皮書》都提到美感養成，卻狹義地將美感視為藝術教育的部分成果。「美感教育中長程計畫」認為，美感來自日常生活；學生需要具備高感度的感覺與心靈，能夠從日常生活中得到美感經驗，而不只是學得藝術知識，或具有藝術欣賞與創作能力。

美感教育和藝術教育關係密切，但意義不同。當代藝術難以定義，無論題材、內容和表現方式，早已超越框限、探索感官之外的心領神會；反而隨著設計受到重視，美感隨著日用物件和環境氣氛融入生活，品味成為滿足基本生理需求之外的消費目的。美學家主張，「美感生活化」的既成趨勢，反而讓藝術轉向挑戰更深刻的主題與表現，與美感漸行漸遠。教育中的藝術欣賞固然重要，它讓學生的感官和心靈得以接觸人類最偉大的傑作；但如果

僅以藝術欣賞做為美感教育範圍，不僅窄化了當代藝術的空間，也難以開發學生的日常生活審美能力。

美感教育不是新理念，但在教育系統中，卻是新的教學嘗試。第一期《美感教育中長程計畫》曾經被詬病，認為理想高遠但流於形式。基層老師和行政人員需要知道如何引導學生體會美感，但有限的四十多億經費分配或八十一項執行計畫，對老師和行政人員的教學協助都不夠。但是，美感教育計畫已經激起許多老師的熱情，許多工作坊或相關教學網站，都有眾多老師熱情參與、分享特色教案和教學心得。

美感教育的方式有無限多種可能，它本身就是老師創意和美感的展現。讓教育人員先得到美感啟發，再將親身領悟，以創意的教學方式轉化為教學實踐，將是這項計畫的成功關鍵。老師一旦掌握開啟學生美感心靈的鑰匙，就可以用最尋常的素材和方法，達到美感教育目的。

6 返常與非常：藝術節與城鄉生活

多年前曾有媒體檢討「全台瘋節慶」現象，大量民俗與藝術節慶，幾乎分布全台各縣市。二〇一三年《遠見雜誌》出版的《節慶專刊》，調查統計台灣一年約有四百檔節慶活動，稱台灣為「嘉年華島」並不誇張。[1]究竟這些節慶活動，與現代生活有何關聯？

林林總總的「藝術節」、「嘉年華」、「文化季」、「博覽會」等，主題五花八門、水準參差不齊，但政策所彰顯的舉辦目的不外五種：藝術參與、文化傳承、產業振興、社區營造、地方創生。這些活動在空間上，散布城市與鄉村；在時間上，填進全年不同時段。由大量藝文活動交織的時間和空間，構成現代台灣文化生活的背景。

近年在鄉鎮地區，產生許多新興藝術活動，不乏民間自力創辦的精彩案例，例如大稻埕國際藝術節、台南土溝美術館、台東池上秋收藝術節、基隆市正濱港町藝術共創、彰化鹿港今秋藝術節、花蓮富里穀稻秋聲藝術節等。鄉村藝術節帶著社區營造和地方創生的期許，以藝術動員民眾，創造地方知名度，行銷特色產品，或直接帶來觀光效益。

在「以藝術為路標」的策展原則之下，[2] 鄉村藝術節成為引導外人深入、認識自然或社區的方法。相較之下，城市藝術節更強調藝文參與，營造城市特色。其實，都市裡定期舉辦的藝文節慶，可以成為替代自然規律的「人造節氣」，讓遠離自然的都市生活，藉由藝術活動的週期發生，標記出一年之中的生活節奏。

在鄉村，產業活動與自然契合，生活者經由春夏秋冬的周而復始，形成循環的時間觀。現代都市中的工作者，每日追趕著目標管理決定的進度，淪入了線性發展的時間軸。

都會生活沒有鄉村的農忙與農閒，只有人事法規的上班和例休。遺憾的是，因為網路和通訊工具發達，休假很難脫離工作，於是工作狀態吞併了大部分的生活時間。都市人在「忙、茫、盲」之中失去時間感；每日移動在固定路線上，甚至透過捷運和大眾交通路線的連接，失去對城市的空間認知。

當藝術「介入」都市領域，形成日常中的「非常」，經由差異經驗創造驚奇感受，重建了城市生活者的空間感和時間感，也讓每日持續的生活壓力暫時舒解。例如富邦藝術基金會舉辦二十多年的「粉樂町」，藝術品置入室內或室外生活空間，只要午休散步或下班搭車空檔，就可以在市區裡親近藝術。如果發揮好奇心，拿著地圖搜尋展品，因為路徑探索和空間再發現，帶來重新認識環境的趣味。

鄉村藝術節帶領外人重新親近、認識自然，是對於自然的「返常」；在都市之中，藝文節目與藝術節慶活動提供生活者短暫脫離常規，藉由在日常之中的「非常」，感受時間與空間的變動，重新認識周遭的城市環境。

鄉村藝術節或城市藝術節，各有不同舉辦目的。問題不在於數量是否過多，而是主辦者是否清楚掌握目的，讓藝術節不論在城市或鄉村，都能啟動參與者個人對於文化與生態的思考，藉由參與活動引發的審美過程，重新建立人與環境的互動關係。

---

1 王一芝，〈節慶，讓台灣成為嘉年華島〉。《遠見．2013 年節慶專刊》，文章參閱網址：https://www.gvm.com.tw/article/17539。

2 「以藝術為路標」是日本「越後妻有大地藝術祭」策展人北川富朗提出的概念。藝術做為展品的目的是傳遞鄉村特色，尤其分散廣大區域的藝術作品成為地標，吸引藝術祭觀眾來到觀光客平時無法到達的鄉間。

7 社區文創的基底在社區美學

二十世紀中期，由於產業轉型和經濟開發，各地的古蹟和文化資產遭到空前破壞；一九七〇年代以後，聯合國藉由世界遺產、非物質遺產保存，阻擋了文化浩劫的蔓延。來到二十一世紀，如何透過創意，讓屬於生活領域的社區文化得到保存和發展，是當前的議題。

歷史城市普遍遭遇保存或開發的抉擇。建築學者梁思成當年力阻拆除北京城牆，一時被評為食古不化；半世紀過去，驗證了他的遠見。大陸建築學者、上海同濟大學教授阮儀三，曾經參與搶救眾多古蹟；沒有他挺身捍衛，今天看不到平遙古城、福州三坊七巷、周

INFORMATION

庄、同里、烏鎮，甚至上海外灘也不會是如今風貌。

阮儀三曾經感嘆，現在到處都知道保存古蹟、古城鎮，但保存目的是為了經濟，忽略了文化。的確，如同保存物種基因，目的在於探究生命奧祕；保存文化資產，目的在記錄前人走過的歷史，逐步建立美學觀與生命觀。因此，文化資產保存必須擴及保存對象周邊共生的文化與環境，已經普遍被認知。

二十一世紀伊始，聯合國通過《世界文化多樣性宣言》，強調任何文化都有存在價值；文化擁有者和傳承人具有詮釋與演繹文化的權力，透過文化自主的保障，達到文化多元的目的。

社區是人們生活以涵養文化的地方；基於文化多樣性價值，每個社區的文化，都是人類共同資產的一部分，得以經由保護、開發與利用，創造經濟價值，並且經由藝術創作的呈現，與世界交流。

都市中的社區與傳統鄉村不同，緊密連接、缺乏界限；經由文創策略，透過民眾和創意工作者例如藝術家、設計師共同參與，可以提煉或創造社區文化特色，塑造社區識別並建立社區認同。

文化可以透過創意的方法和策略被顯現。因此，「文創」即是運用創意讓文化顯現的過程。文創和社區結合，目的是尋找文化內涵、發展特色。社區文創首要目的是文化，彰顯生活者的存在價值，保障生活文化得以延續；次要目的才是經濟。

文創引入社區，不只是開設文創商店和舉辦文創等活動，而要追求社區文化風格的形成。新奇的文創商店和文創活動，一時帶來人潮與話題，但那些都只是社區的表面妝點，終究難以形成文化而持續發展。反之，展現風格美感的社區，能夠吸引文創人才聚集生活和工作，自然形成文創氛圍、衍生相關產業，形成文創區域。

傳統社區引入文創產業和推動環境美化，可以視為社區發展的兩手策略，同時並進。透過美化，可以改變生活環境；透過支持創新產業，得以協助社區經濟轉型。文創的引入，可以在社區改造過程中，透過居民參與，營造社區獨特的文化與美感。

在台灣，一九九四年開始推動社區總體營造的人類學家陳其南，相隔十年後出任文建會主委，再度主導文化政策，以「公民美學運動」做為社區營造的延伸。台灣社區總體營造政策的本質，即是以文創推動的社區再生；陳其南總結十年經驗認為，結合文創的社區發展，成功關鍵在於民眾的美感養成。他藉由「amenity」概念提出「美適性」，主張社

區應該全面追求感官可及的美感，讓人人在其中得到陶冶。不論對民眾、對文創產業，普遍存在的美適性，是社區美感塑造的基礎。

缺肥的土壤，不能開出花朵；缺乏美感的社區，文創產業很難生根。同時，消費者缺乏美感欣賞能力，不會產生美感消費需求，文創產業不會得到市場支持。因此，「公民美學運動」既是公民美感提升計畫，也是從根基支持文創產業、帶動文創消費的市場拓展策略。

在歐洲一些古老城鎮，建築陳舊但街道環境清潔；陽台幾盆向陽小花，開敞的窗戶掛著飄逸帘布，透露主人家的美感追求。這是社區文創的基礎，從個人與家庭開始，追求具有美感的生活。日本在這方面的講究尤其明顯，房室空間有限，但種類繁多、雅巧精緻的生活雜貨，是居住者生活品味不受限於空間界限的美感宣言。

支持風格商店進入社區，或由政府撥款提供社區美化工程，可能是社區文創的推進策略，但並不是捷徑。

社區文創必須營造社區生活風格，激發民眾對於美感的自覺與需求。透過社區民眾的美感覺醒和自主的環境塑造，最終形成社區美學。一旦社區成為展示風格的場域，被吸引而來的人，才會是能夠感受美感與創意的品味者，以及欣賞和支持文創產業的消費者。

社區文創符合文化發展潮流，也是推動區域文化產業發展的基礎。但是，必須揚棄工業化思維，避免以開店、辦工廠的態度追求快速效果。社區文創策略必須啟動民眾的美感教育，讓文創落實在社區生活、形成社區生活美學，達到以文創彰顯社區文化、改善社區生活的目的。

8 ⋯⋯ 一封給孔子的信

《教育扭轉未來》作者之一、教育家華格納（Tony Wagner），在書中寫了一則故事。高中以前，他的閱讀能力很差，卻對作文充滿興趣；可是課堂內容都是一再地修正文法和字句。直到一位老師以私塾方式領導華格納一週寫一篇文章，仔細指出每篇文章的優點，這才慢慢打下他日後成為作家的基礎。

老師啟發天賦、培養學生某些能力的故事，普遍發生在許多人身上。這種神奇的啟蒙經歷，必須在適當時機，至少兩個角色的偶然相遇：有心的啟蒙者（也許職業不是老師），和困在迷茫中的學生。

某叛逆青少年住台北市，一九七〇年代就讀以升學率著稱的國中，而且在所謂的「好班」。學校對成績要求很高，家人對他升學明星高中的期望更高，日復一日周旋在考試和補習的生活，令他非常苦惱。雖然從模擬考的成績評估，他是前三志願有望的好學生。

國文課，他遇到少時失學、投身軍旅之後輾轉來台成為老師的先生。國文老師講話帶著湖南鄉音，上課十分嚴肅。國中生有些害怕這位老師，尤其作文課；老師是著名詩人，每次繳上習作本給老師批閱，都十分忐忑。

某次作文課，老師在黑板寫下題目：「給××的一封信」。國中生愣了一下，寫給誰呢？有限的生活經驗裡，儲存了太多對於考試和學校制度的不滿。他提起毛筆，大膽寫了「給孔子的一封信」。豁出去了，思緒如脫韁野馬，文思泉湧。快筆寫完一篇長文，闔起簿子放在講台上呈閱，感覺難得暢快。

接著一星期就難過了，愈想愈不安。這樣批評教育和學校，老師會不會氣炸？會不會將作文簿撕碎、扔在地上？內心小劇場搬演著各種可能。終於又到了作文課，老師點名發回作文簿，口氣一如往常。

國中生不安地打開簿本，看見老師在題目上方，硃砂批的分數：八十八。當時慣例，作文得到八十就是高分了，八十八分是從未見過的極好成績。

翻到最後一頁，老師評語寫著：「於我心有戚戚焉！然山不會向你走來，只有你向山走去。」

國中生放下心中不安，對老師充滿感激，默默記下老師的評語。後來，專程去書展買了老師的散文和詩集，希望了解老師離鄉背景的戎馬生活，以及憂時感懷的理想與抱負。國中生開啟了寫作興趣，幾年之後大學畢業，拿到航空太空工程學士文憑，卻拐彎進入報社成為文字記者，而且主跑文化藝術新聞。

工作多年以後，他回想自己「棄工從文」的生涯轉折，那篇高分的作文，成為冥冥中的指引。

這則故事中的國文老師，是本名伍鳴皋的詩人大荒，叛逆國中生就是本文作者。

二〇〇〇年左右，在一次記者工作的採訪場合，巧遇已經退休的大荒老師。我上前問候，告訴老師當年的故事，感謝老師啟發。老師聽完，親切笑著點頭，揮揮手離開。我目送老師步出會場，直到背影消失在自動門外的街景中。不料，這是我最後一次見到老師。

再看到大荒的消息，是報紙上的訃告，當時二〇〇三年；距離那篇「給孔子的一封信」，剛好四分之一個世紀。

又過幾年，我也成為一名教師，站在大學講台面對學生。想起大荒老師、當年八十八分的作文，總會督促自己用功，尋求各種方式啟發學生天賦。如同《教育扭轉未來》作者表達的主旨，文憑逐漸失效，老師、學校和政府教育部門必須重新定義教育目的：給孩子面對未來的興趣和能力，而不只是一張考試及格的成績單。

肆　美美與共：美感社會的未來

1……美的表達

美的人生

在北京大學燕南園的精巧院落，聆聽資深教授葉朗講課。葉老師學富五車，講「美學」古今融貫、旁徵博引，信手拈來都是古典詩文或西方理論。從審美活動、審美領域、審美範疇，一路講到「審美人生」。

葉老師說到審美與人生境界，我愣住了。像是高速駕車奔騁卻突然失去動力，驚惶之下無法還神。

「美學」和「美感」是兩回事！這簡單的道理，早就「知道」，卻始終沒有「理解」其中真義！

我們習慣將詞彙混用，以「美學」字眼做為品味追求、品評美醜的指標；不知不覺，我們迷失在「美學」之中。

對於美，我們愈來愈「知其然而不知其所以然」。現代社會比過去更熱衷談「美」，我們的生活環境，從城市景觀到居家陳設、衣食住行育樂，比以前更多美的選擇，但我們的生命經驗，並沒有因此而豐富。

美成為風尚指標，全面融入日常生活領域，甚至影響產業經濟運作，催生出風行世界的文化創意產業。

在美的潮流中，我們興奮參與期間，如同站立浪端的瀟灑衝浪客；卻也經常精疲力竭而沉沒於潮流中。積極擁抱美，美卻離我們更遠。隨處可見奢華燦爛的包裝、紙醉金迷的體驗，我們沉浸在快感之中，審美心靈卻空虛蒼白。

以美感驅動經濟發展，確實帶來產業提升轉型契機。穿梭在美感打造的消費世界，美在身外，而不在心內。葉朗說：「追求審美的人生，就是追求詩意的人生，追求愛的人生。

人們在追求審美人生的過程中，同時不斷在拓展自己的胸襟，涵養自己的氣象，不斷提升自己的人生境界，不斷提升人生的意義和價值，最後達到的人生境界，就是審美的人生境界。」[1]

「詩意的人生」是跳脫主客二分的對立，不受形式所限，直接用心從生活中得到對應。保持對周遭細節的直覺感性，以愛和同理心看待世間，以創造的態度培養生活情趣，逐漸走進如詩的生活境地。

接觸美的事物，不等於擁有審美的生活。「生活藝術化，藝術生活化」成為口號，驅動奢華消費，帶動藝術品購買與投資，但我們忘記回到生活，以創造的態度、審美的態度，讓生活本身成為藝術。

民初作家夏丏尊的文章〈生活的藝術〉，記錄了弘一大師生活藝術化的審美品味。弘一大師俗名李叔同，出生豪門，才情洋溢，藝術造詣極高；出家之後，卻在衣單食薄的素樸之中，玩味出簡單生活的美好。弘一品閱生活的態度，讓夏丏尊不禁感嘆，審美並非屬於詩人畫家；沒有觀照玩賞日常生活的能力，「雖自號為詩人畫家，仍是俗物。」

美，我說了算

二〇一三年上演的日本電影《一代茶聖千利休》，有一段故事耐人尋味。彼時，日本戰國時代大名織田信長，廣邀眾人舉辦評鑑會，各自展示珍品；能夠打動織田信長者，得獲贈黃金賞賜。

各路藏家展示海內外古玩珍品。織田信長神情專注地欣賞，沒有一件令他折服。最後時刻，遲到的千利休闖進來，拿出一只黑漆盒。在場人士都笑了，那算什麼寶物？但見千利休不急不徐，往盒裡注水，小心捧著走到廊前，置盒於地板，然後退去。

織田信長覺得莫名其妙，走近去看；他停駐片刻，最後將所有黃金都賞賜給千利休。那只其貌不揚的黑盒，底部有著海浪和飛鳥圖案。注水之後置於月下，月影投射剛好漂浮水上，呈現出「海上生明月，天涯共此時」的意味。

「美，我說了算。」由千利休口中說出，是電影最令人震撼的台詞。千利休的美是什麼?就是他的境界，由內而外、對於美的完整理解和表達。這種境界是生命的整體，是個人與天地相互融合的精神狀態。

雲門舞集創辦人林懷民二〇一七年在香港大學演講，一位現場觀眾提問：您如何編舞？林懷民說：「我在森林這頭，聽到森林另一頭傳來遙遠的鼓聲。曲折地穿越森林，去尋找鼓聲。最後我從另一頭走出了森林，沒有找到鼓聲，但舞編完了。」

最後完成的舞作，並不是啟程所設想的目標，那又何妨？探索路徑上的鳥語花香、狂風暴雨、高興挫折，創作者將一切體驗融入作品，成為對世界的愛、歌詠生命的詩。這樣的藝術歷程，是英雄之旅，也是人生境界的提升和超越。

藝術家為了創作而出發，經過試煉和探索，最後完成作品。審美也一樣，因為審美對象的刺激而出發，歷經審美的歷程，最後了然於胸的美感，卻不是最初的召喚。審美過程產生了個人的美感經驗；不斷出發探索、自我覺察而後回歸的經驗累積，構築了人生的境界。

沒有千利休那句「美，我說了算」，美依舊存在。任何人都可以擁有美的主張，但每一個人的審美主張，反映他的生命境界。「我的美，我說了算。」說出這句話的同時，也是我們對自己生命境界的莊重承諾。

美在日常，惟心得見

「終日尋春不見春，芒鞋踏破嶺頭雲；歸來偶把梅花嗅，春在枝頭已十分。」唐代女尼留下的禪詩，文字簡單，意境深遠。在山裡尋找春天，走了一大圈，鞋都磨破了。回來看見枝頭梅花開，湊近一嗅，啊，原來春天早就來了。

春夏秋冬是自然節奏，該來就來，又何須尋找？有人說，詩裡的春天就是佛性。佛在心中，但我們知道有心，卻不知道有佛，所以需要尋找。

日本茶道家森下典子著作《日日好日：茶道教我的幸福15味》，改編成電影《日日是

好日》，內容是典子學習茶道的自傳。二十多歲向武田老師學習茶道，直到二十五年後，終於得到老師肯定。

武田老師非常嚴格，從動作細節教起。典子重複模仿這些動作，但老師始終不滿意；典子曾經懷疑，這樣的形式主義，有必要嗎？但她漸漸發現，專注在動作之中，人融入了環境，她可以分辨不同季節的雨聲、壺裡熱水和冷水的不同。她心靜了，享受每個當下，親密感受到自然的變化。

月有陰晴圓缺，人有旦夕禍福，怎能日日都好呢？透過長時間磨練，武田老師指導典子熟悉了繁瑣的動作，不費心死記，習慣成自然，最後潛移默化地改變了心性。典子終於得到認可出師，並非因為熟悉所有的儀式動作，而是她的心已經與自然相接，不以物喜，不以己悲，春天看花，冬天賞雪。

武田老師教導典子學茶道，先模仿，再放下。

初學茶道，在燠熱盛暑。典子模仿一切細節，終於得心應手。天涼了，主題換成冬茶，老師要求典子忘記夏茶，一切動作重新開始。

對於典子而言，茶道就是泡茶，但持續學習二十五年，在春夏秋冬的循環之中，她認識到自己的成長。[2] 茶道的學習，並非為著一套標準動作，而是透過茶道體會自然，無論器物、姿態、擺設或茶點，都是內心相印於外在變化的回應。

模仿，是為了放下。放下自我，放下執念，心空了，才能容下世界。

空中花，水中月

北投農禪寺水月道場，是聖嚴師父留給世人的美好禮物。籌建之初，建築師姚仁喜面見師父，聖嚴師父給了六個字：「水中月，空中花」，期待這裡將是一座融合環境景觀的道場。

聖嚴師父在《聖嚴說禪》書中解釋，虛雲大師說：「空花佛事，時時要做；水月道場，處處要建。」雖然空花和水月都虛幻、不實際，虛雲大師的用意卻是積極的；因為這些都是出家人本務，做佛事，建道場，利益眾生，淨化人間。

姚仁喜如何解題？如今我們看到了答案。至於這是不是聖嚴師父想像中的道場？「萬古長空，一朝風月」，根本不是個問題。[3]

道場是人生境界轉化之處。來時的我，是探索的啟程。道場中的我，修整內心，尋求啟蒙。在道場中參悟得到智慧，去時的我，不是原來的我，即使面對依舊的日常，心念轉了，境遇自然不同。

坎伯說，藝術是一種心靈轉化的體驗。當某種處境或現象，在我們的內心激發出一種存在感，就可以體會到這種獨特經驗；被喚起的存在感，既非思想，也非感覺，是一種內在衝擊的體會。這種存在感先於思想和感覺，不能證明與解釋，只能透過藝術來提示。[4]

心理學家提出「最優體驗」，[5] 是達到滿足、幸福、貫注精神的全力以赴。進入這種狀態會忘記時間流逝，甚至也是效率最高、最有創造力的狀態。我們可以從工作、遊戲、競賽或挑戰過程中達到「最優體驗」。

藝術即道場，可以經由藝術欣賞進入「最優體驗」。日常生活也是道場，透過在生活中的審美達到「最優體驗」。設道場的目的是讓人得悟；對開悟者，處處是道場，時時在道場。日常生活中的美感修練，在於得到自我內在的轉化，成就更高的人生境界；一切做為審美對象的事物，能夠成就我們心靈轉化、境界提升的，都是道場。最後我們離開道場，唯一帶走的，是已經改變的心。

1 葉朗（二〇〇九），頁四五一。

2 夏淑怡譯（二〇一八），頁一九。

3 禪宗典籍裡有名的故事：和尚問崇慧禪師，達摩祖師到來之前，中國是否有佛法？禪師曰：「萬古長空，一朝風月。」聖嚴師父解釋，如果不知萬古長空，就先定住當下，只管一朝風月。如果已經與萬古長空合而為一，自然問題也不必問了。

4 朱侃如譯（一九九七），頁三三八—三三九。

5 米哈里．契克森米哈伊在《心流》（二〇一九）剖析「最優體驗」。研究的起點是對於「幸福」的探問，一般以為幸福發生在無牽無掛、隨心所欲、輕鬆自在的時候；但研究顯示，美好的「最優體驗」發生在一個人有意地將身體或心智能力發揮到極限，去完成一件有難度或有價值的事時。過程中我們挑戰自己，也提升自己。（頁一九）最優經驗是必須締造的；內在經驗的最佳狀態，發生在意識有秩序的時候，此刻人將全部精神能量（或注意力）投注在一個符合現實的目標，所以達到「最優體驗」必須能夠駕馭精神能量，並且用在自己選擇的目標上。這些目標經常沒有特殊目的，而是單純為了去做，例如運動、比賽、藝術；但如果能夠控制心靈，可以無限地從各種領域找到樂趣，運動或創作，甚至轉移到人際關係。（頁二一四）

2 ……… 各美，美美，共美

曾在台北住宅區看到某個建案，工地的白色圍牆寫著碩大的字：「國際美學」。我不是美學專家，參不透其中哲理。好奇的是，具有什麼樣「美學」品味的顧客，會選擇「國際美學」住宅？

關於美，人類學家費孝通有一段著名文字：「各美其美，美人之美，美美與共，世界大同。」每個人、每個民族文化彰顯與認同自己的美，同時欣賞別人的美；當世間所有美都能夠和平共處、和而不同，則大同世界可及。

從「各美其美」到「美人之美」，是以開放的態度欣賞不同的美。

「美人之美」並不容易，我們總是依著自己的標準審美。「欲除煩惱先忘我，各有因緣莫羨人」，「各美其美」之後必須「忘我」，才能不羨不妒，真心的「美人之美」，達到「美美與共」。

坎伯說：「生命不具意義，是人賦予它意義。」[1]事實上，美更是如此，所有的美都是由人類所賦予，離開了審美認知，美無從依存。

很可能從二百多萬年以前，人類祖先懂得打造石器，審美能力就已經存在；我們祖母的祖母的祖母……已經聰明到可以分辨，哪一位手眼最協調的男士，夠資格做她的丈夫。美，依著「性擇」邏輯，一路帶領人類走到今天；我們每一個人都是具有審美能力的祖先，代代相傳的後代。

審美是改造自我的過程。美就是那座引領我們方向的燈塔；每一個人自我提升的傾向，匯集成為人類文明演化的力量。

每個人都應該是美的學徒。在學美的路途上，經由召喚、啟蒙與回歸，以自己的英雄之旅，貢獻予人類向美而前行的力量。

1 朱侃如譯（一九九七），頁一三。

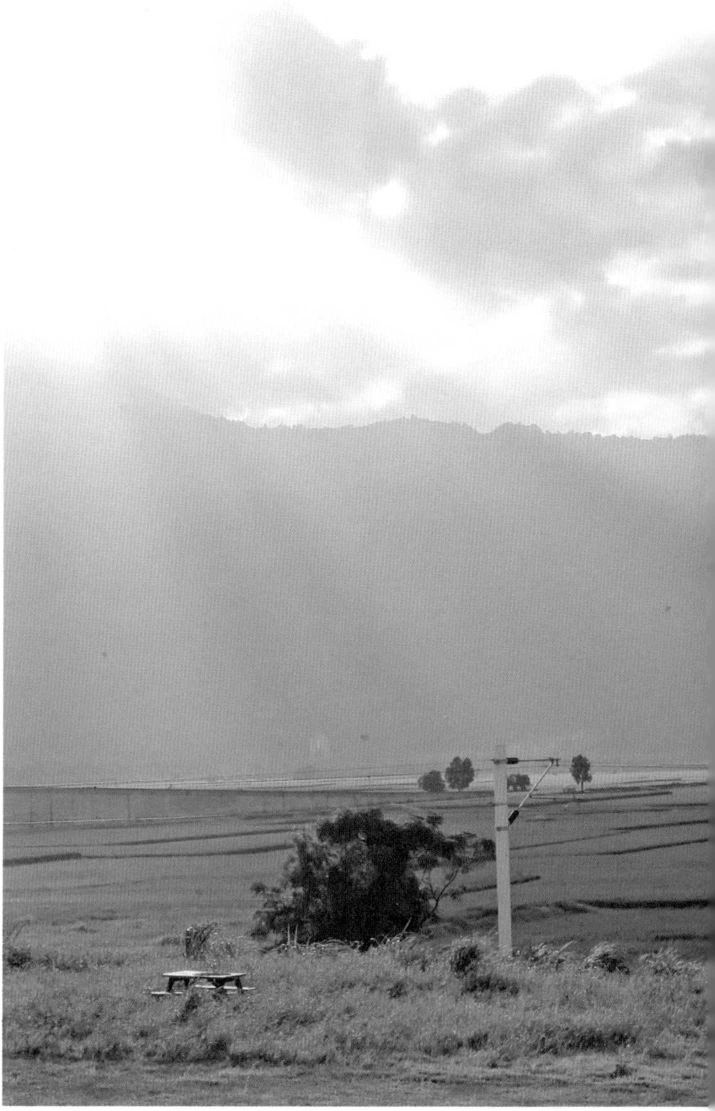

後記

我的尋美旅程，是一段又一段的旅程連結；嚴格意義的終點，是我人生旅程的結束。坎伯從神話中得到啟示，指出每個人的生命都是一趟「英雄之旅」。啟程來自天命召喚，喻示著本性的追求；人必須面對自我，才能展開超越自我的旅程。離開日常生活的冒險，如果意志堅定、勇往直前，將會得到各方助力，抵達最終的啟蒙。歷險歸來，戰利品是超越過去的自我。

如同禪家所言，生活就是穿衣吃飯。英雄的出發前和回歸後，同樣穿衣吃飯，卻是不同的況味和境界。

這本書依循著「啟程、啟蒙、回歸」的結構發展，終於到了回歸的終章。我不敢說熟悉坎伯「英雄之旅」，更不敢自誇理解美學；但坎伯對於單一神話的詮釋，讓我重新領悟了審美與自我發展的關係。我們的審美過程，如同孤獨上路的英雄，進入意識的荒原，面對審美的危機，藉由生命力量的啟動，帶著美感了悟的愉悅走出迷霧。

審美歷程就是生命發展的寫照。透過審美歷程的累積，我們得以擁有更多的經驗和智慧，面對真實的人生。

感謝過去二十年，在尋美過程中，每一位啟發我的老師和朋友。更感謝每一位接受我訪問的先進，往往長達數小時的對話，給我無比的耐心和包容，讓我能夠從對談話語、周遭氣氛之中，透過自己內在的探索，理解你們美好的心靈花園。

經由這些訪談和學習，我逐漸理解審美的本質。美感來自個人生命情懷與生命境界，以相印之心應對於世界的感悟。美不需要汲汲營營的追求；美既不存在，又無所不在。審美的關鍵，在於是否準備好去感受。

天地處處有大美，用心得見。

參考書目

漢寶德（二〇一〇）。〈前言：美感的分析〉。《如何培養美感》。台北：聯經出版事業股份有限公司。

王妍、張大勇編著（二〇一一）。《心理學與接受美學》。北京：中國電影出版社。

葉朗（二〇〇九）。《美學原理》。北京：北京大學出版社。

葉朗（二〇一一）。《意象照亮人生》。北京：首都師範大學出版社。

朱光潛（二〇二〇）。《文藝心理學》。台北：五南圖書出版股份有限公司。

李一冰（二〇一九）。《蘇東坡傳》。台北：聯經出版事業股份有限公司。

黃聖哲（二〇一三）。《美學經驗的社會構成》。台北：唐山出版社。

詹偉雄（二〇〇五）。《美學的經濟：台灣社會變遷的60個微型觀察》。台北：風格者。

劉思量（二〇一一）。《藝術心理學：藝術與創造》。台北：藝術家出版社。

賴聲川（二〇〇六）。《賴聲川的創意學》。台北：天下雜誌股份有限公司。

張玲玲（譯）（二〇一四）。《北川富朗大地藝術祭：越後妻有三年展的10種創新思維》（原作者：北川富朗）。台北：遠流

出版事業股份有限公司。（原著出版年：二〇一四）
蕭照芳、彭南儀等（譯）（二〇一〇）。《大家一起來！打造觀光城鄉：從城鄉之傲開始的地域管理》（原作者：西村幸夫）。台北：天下雜誌有限公司。（原著出版年：二〇〇九）
夏淑怡（譯）（二〇一八）。《日日好日：茶道教我的幸福15味》（原作者：森下典子）。台北：橡實文化。（原著出版年：二〇〇八）
黃琰（譯）（二〇一三）。《審美資本主義：品味的工業化》（原作者：Olivier Assouly）。上海：華東師範大學出版社。（原著出版年：二〇〇八）
郭玢玢（譯）（二〇一四）。《醜：萬物的美學》（原作者：Stephen Bayley）。台北：典藏藝術家庭股份有限公司。（原著出版年：二〇一三）
李子寧（譯）（一九九六）。《神話的智慧：時空變遷中的神話》（原作者：Joseph Campbell）。新北：立緒文化事業有限公司。（原著出版年：一九九〇）
朱侃如（譯）（二〇二〇）。《千面英雄：70年經典新編紀念版，從神話學心理學到好萊塢編劇王道》（原作者：Joseph Campbell）。台北：漫遊者文化事業股份有限公司。（原著出版年：一九四九）
張瓊懿（譯）（二〇一九）。《心流：高手都在研究的最優體驗心理學》（原作者：Mihaly Csikszentmihalyi）。新北：行路出版。（原著出版年：一九九二）
高建平（譯）（二〇一九）。《藝術即經驗》（原作者：John Dewey）。台北：五南圖書出版股份有限公司。（原著出版年：一九三四）

許妍飛（譯）（二〇一五）。《未來教育新焦點》（原作者：Daniel Goleman, Peter Senge）。台北：遠見天下文化出版股份有限公司。（原著出版年：二〇一四）

梁永安（譯）（二〇二〇）。《動機與人格：馬斯洛的心理學講堂》（原作者：Abraham Maslow）。台北：商周出版。（原著出版年：一九五四）

朱侃如（譯）（一九九七）。《坎伯生活美學》（原作者：Diane K. Osbon(Eds.)）。新北：立緒文化事業有限公司。（原著出版年：一九九五）

夏業良、魯煒、江麗美（譯）（二〇一三）。《體驗經濟時代（十週年修訂版）：人們正在追尋更多意義，更多感受》（原作者：B. Joseph Pine II, James H. Gilmore）。台北：經濟新潮社。（原著出版年：二〇一一）

查修傑（譯）（二〇二〇）。《未來在等待的人才：知識不再是力量，感性才是力量。今後全世界渴望的人才，需要六種感性能力（二版）》（原作者：Daniel Pink）。台北：大塊文化出版股份有限公司。（原著出版年：二〇〇五）

鄧子衿（譯）（二〇二〇）。《美的演化：達爾文性擇理論的再發現》（原作者：Richard O. Prum）。台北：馬可孛羅文化事業股份有限公司。（原著出版年：二〇一七）

蔡鵑如（譯）（二〇一三）。《作家之路：從英雄的旅程學習說一個好故事（第三版）》（原作者：Christopher Vogler）。台北：商周出版。（原著第三版出版年：二〇〇七）

陳以禮（譯）（二〇一六）。《教育扭轉未來：當文憑成為騙局，21世紀孩子必備的4大生存力》（原作者：Tony Wagner, Ted Dintersmith）。台北：時報文化出版企業股份有限公司。（原著出版年：二〇一六）

hello! design 070

學美之旅：用心看見美，生活即詩境

作者：于國華｜主編：湯宗勳｜編輯：文雅｜美術設計：陳恩安｜企劃：鄭家謙｜照片：于國華｜董事長：趙政岷｜出版者：時報文化出版企業股份有限公司／108019 台北市和平西路三段 240 號 1-7 樓／發行專線：02-2306-6842 ／讀者服務專線：0800-231-705；02-2304-7103 ／讀者服務傳真：02-2304-6858 ／郵撥：1934-4724 時報文化出版公司／信箱：10899 臺北華江橋郵局第 99 信箱｜時報悅讀網：www.readingtimes.com.tw ｜電子郵箱：new@readingtimes.com.tw ｜法律顧問：理律法律事務所／陳長文律師、李念祖律師｜印刷：和楹印刷有限公｜一版一刷：2022 年 5 月 27 日｜定價：新台幣 580 元

時報文化出版公司成立於一九七五年，並於一九九九年股票上櫃公開發行，於二〇〇八年脫離中時集團非屬旺中，以「尊重智慧與創意的文化事業」為信念。

學美之旅：用心看見美，生活即詩境／于國華 著—一版.--｜臺北市：時報文化，2022.5；448 面；21×14.8×2.85公分.｜--（hello! design；70｜ISBN 978-626-335-323-7（平裝）｜1.生活美學｜180｜111005472

ISBN：978-626-335-323-7｜ Printed in Taiwan